趣谈管理学
Fascinating Stories on Management

李萨 著

文化发展出版社
Cultural Development Press
·北京·

这是一部散文艺术作品集
又是一部经济管理领域的科普著作

内容涵盖管理学中的计划、组织、领导、控制与创新等
基本原理和知识点，堪称经济管理领域的"苏菲的世界"

图书在版编目（CIP）数据

趣谈管理学 / 李萨著. — 北京：文化发展出版社，2025.2

ISBN 978-7-5142-3908-9

Ⅰ.①趣… Ⅱ.①李… Ⅲ.①经济管理-文集 Ⅳ.①F2-53

中国版本图书馆CIP数据核字(2022)第240306号

趣谈管理学

李萨 著

| 责任编辑：李 毅 雷大艳 | 责任校对：侯 娜 马 瑶 |
| 责任印制：邓辉明 | 封面设计：魏 来 |

出版发行：文化发展出版社（北京市翠微路2号 邮编：100036）

发行电话：010-88275993 010-88275710

网　　址：www.wenhuafazhan.com

经　　销：全国新华书店

印　　刷：北京捷迅佳彩印刷有限公司

开　　本：880mm×1230mm　1/32

字　　数：150千字

印　　张：5.75

版　　次：2025年2月第1版

印　　次：2025年7月第2次印刷

定　　价：49.00元

ISBN：978-7-5142-3908-9

◆ 如有印装质量问题，请与我社印制部联系　电话：010-88275720

自序 / PREFACE

写这本《趣谈管理学》，事出有因。主要原因是笔者在教学过程中发现，许多学生认为管理学很"虚"；问起当初他们为什么会选择管理学专业，给出的理由可谓"丰富多彩"，有的甚至令人"哭笑不得"，如不想学高等数学等。事实上，他们既错了，又对了。错的是，管理学同样需要学习高等数学——特别是统计学方法，是管理学相关专业需要的硬核知识与技能，如金融与市场营销等专业；对的是，他们选择了管理学作为自己学习的专业。

管理学一点也不"虚"，而且非常实用，这是本书要传递的信息之一。当人的头脑与管理学相遇，当管理学与工作和生活相遇，读者一定会发现这个学科的原理与知识不仅时时可用、处处适用，而且如果运用得当和及时，就一定会让工作出彩，为生活增色。本书要传递的第二个信息是，管理学属社会科学范畴，一点儿也不枯燥。作为一部科普著作，这本《趣谈管理学》希望通过生动的人物与故事突破学术性壁垒，让管理学的日常性得到还原或回归，从而更好地服务于各个读者群体。

那么，本书是为哪些读者群体而写的呢？

第一个读者群体，是所有对管理学感兴趣的读者。当然，阅读管理学专业书籍，显然是学习管理学最直接的方法。但是，如果您希望学习和领悟的过程轻松和愉悦，不妨拿起本书，在鲜活的故事情节中体悟管理学的妙处。

第二个读者群体，是在校学习的中学生们。由于可能即将踏入高校大门，大学生活确实令人好奇，相信本书可以帮助大家了解已经进入大学的学长学姐们是怎样学习和生活的。对于恰好有意学习管理学的同学来说，本书无疑是了解管理学专业的师生们学习、工作和生活的最好渠道。

第三个读者群体，是高中生的家长们。如果您正在帮助孩子填报专业志愿，有意让孩子学习管理学却又对这个学科与专业了解不多，那么本书可以帮助您判断管理学专业是否适合您的孩子，并帮助您了解他们进入大学后日常的学习、生活与成长的轨迹。

第四个读者群体，便是在校大学生了。虽然已经身处高校，通过本书，同样可以了解管理学专业的知识，为专业分流或转专业提供思路。因为管理学专业的师生有自己的学习与工作特色，身边人的喜怒哀乐自然可以提供切实的参考与借鉴。

第五个读者群体，是那些有留学意愿的同学。本书介绍了笔者留学与工作的部分经历。虽然不是系统的留学流程介绍，但是所讲皆为笔者亲历，相信有助于读者了解国外——具体说是日本的校园与职场文化，可为留学选择提供一定参考。

本书所写的故事，一部分源于笔者的切身经历，另一部分是纯粹的创作，属基于故事情节的需要构思成文。既然是创作，人物与事件自然存在一定的虚构，如与现实人事雷同，纯属巧合，恳请读者共情而非代入。由衷地希望这部散文艺术作品集中的 20 篇作品，能够为读者朋友带来开卷有益的收获与快乐。

权作自序。

作者于浙江杭州

2024 年 8 月 8 日

目录/
CONTENTS

01 万变不离其宗
——"以目标为中心"原则　/ 001

02 你用得上
——SMART目标设定原则　/ 008

03 最终要搞定
——"权变理论"理念　/ 016

04 做事要有章法
——"科学管理理论"思想　/ 025

05 走向远方的步骤
——"目标管理"程序与方法　/ 031

06 互不否定
——"头脑风暴"方法论　/ 038

07 人际向优
—— 沟通的技巧与方法　/ 048

08 赚吆喝不是赔本
——"注重经济性"的基本原则　/ 055

09 凡事要有个"谱"
——"制定目标"的方法　/ 065

10 成长的烦恼
——"以人为本"的基本原则　/ 074

11 是门面就要修饰
——"业务信息展示"技巧　/ 086

12 顺与不顺话平衡
——"公平理论"观点　/ 095

13 责任在我
——"解决问题从我出发"思维方式　/ 103

14 走出至暗时刻
——管理基本工作中的"控制"　/ 112

15 何时放大招
—— "人际沟通"的技巧与方法 / 121

16 今天你自律了吗
—— "控制标准" / 131

17 求变是不变的真理
—— "创新思维" / 141

18 细节决定成败
—— "质量控制" / 150

19 重要的是成长
—— "组织目标和个人目标" / 156

20 自我超越
—— "学习型组织"理论 / 164

后记 / 173

01　万变不离其宗

——"以目标为中心"原则

三十而立后，毅然觉得工作和生活发生了两个明显变化：一个是时间过得飞快；另一个是什么事情似乎都不太顺，就好像要站起来时腿突然一软的感觉，不得劲。

说时间过得快，这不难理解：主要是因为事情多。事情既然多，自然要做个计划，以免手忙脚乱。但是，计划做得好好的，却总是因为偶发状况而不得不作出修正，甚至彻底废弃。这还不算，关键是很多事情不顺，让过得飞快的时间变成无用功甚至白白浪费。比如，毅然原来打算回国后入职高校，却因为各种因素掣肘，不得不拖了两年。

中理大学招聘专任教师的信息，是两年前毅然的父亲告诉他的。本来，他在国内本科毕业后，曾到日本读研，硕士毕业后进入东京一家管理咨询公司工作，负责战略规划和经营数据分析。由于毅然的父亲毕业于一所985高校，留校任教了三年，后虽调到地方工作了很长时间，终因那份"高校情结"又调入钱塘大学任教再次登上讲坛。父亲重回高校时，早已过了不惑之年，让毅然不免多思，觉得一个人能够不忘初心到这种程度，还真是个有执念的人。

"还记得你五六岁到我母校游玩时，和老爸在那块'师范'石前的合影吗？"两年前，在电话那头，毅然的父亲兴奋而又殷切地说，"中理大学要招聘专任教师了，条件是'研究生学历'，现在能够达成你那时候的小小志向啦！"

毅然当然记得那次合影，不是他记忆力好，而是那张照片真实存在着。当时，他背靠那块"师范"石，双手抱在脑后，圆圆的脑袋，大大的眼睛，萌得可爱。他时常看那张照片，也曾多次想，如果能够像老爸那样在高校任职，想必会是非常不错的。

所以，当两年前毅然听父亲说他可以到中理大学应聘时，便决定放弃在东京的工作，回国发展。那时候父亲见他愿意接受自己的建议，深感欣慰。但是谁能料到，毅然在东京的离职手续办好并启程回国时，中理大学招聘专任教师的工作，竟然真的出现了"但是"，因故暂时搁置了……

"人生的一半是倒霉，另一半是处理倒霉。"这是毅然挺喜欢的一句话，不顺的时候想想这句格言，心里就好受一些。但有时他又觉得，是不是因为喜欢这句话，生活就真的变成这样了。

毅然回国后，只能先在北京一家保险公司工作。部门领导和同事对他都不错。当年春节后不久，他又接到父亲的电话，说中理大学又开始招聘专任教师了，还说他的条件依然适配。他听罢挂了电话，望向办公室的窗外。

三月的北京，空气干燥，杨花柳絮正漫天飞舞，来自内蒙古的沙尘，让天空也变得灰蒙蒙的。与之相比，江南的绵绵细雨，盛开的伞花，湿润的空气，让毅然觉得更加舒适。往深处想，大学教师职位有什么更吸引他的，应该是时间上能够比较自由地支配吧。当然，应聘到高校做教师，自己不仅可以将所学知识和积累的经验应用到教学中让学生受益，还可以用管理学知识与技能自由地做些科研和服务社会的项目，让自己的想法和创意在这个世界上变成现实，这无疑是毅然更看重的。于是，他决定再次到中理大学应聘。

如此这般，从东京的管理咨询公司到北京的保险集团就职收入减半，从北京到杭州的中理大学任教收入再减半，毅然也就咬牙不去计较了。毅然学过战略管理，他判断一个行为是不是具备战略意义，主要通过眼前利益与长远发展的比较。如果事物在未来的成长空间大，那么即使牺牲眼前一些局部利益，也算是一种战略行为。想到自己的这点管理学小心得，毅然不禁点点头，一瞬间仿佛收入的巨幅下降也变得合理起来。

高校教师应聘时需要试讲，由领导和资深教师考察应聘者的教学设计和语言表达能力。毅然接到试讲通知后，向部门主管请了假，从北京回到杭州，在家里做起准备。

五月的杭州，梅雨淅淅沥沥，将窗外的樟树、榉树、楝树和芭蕉淋得湿答答的。南方的植被素来常青喜雨，在细雨的呵护下长得更加郁郁葱葱。但准备试讲的毅然，却没了观赏雨打芭蕉的心境，心里莫名有些紧张。说出来可能没人相信，毅然平时待人接物温和得体，却是个特别容易紧张的人。他一旦紧张起来，大脑的语言功能就会短时间丧失，说话变得像在挤那最后一点牙膏，有时憋得险些窒息，但是出来的"东西"又不够。

紧张需要理由吗？至少在毅然这里是不需要的。"紧张"就像一个神出鬼没的熊孩子，不识大体、不负责任、不断纠缠，总是在他最不想、最不该、最不能见到它的时候出现。如果能找到紧张的原因，克服就好了；但如果一件事情没有源头，那就只能忍受了吧。

为了应对试讲，毅然运用自己最熟悉的管理学理论，把教科书的对应章节前前后后翻了不知多少遍。他精心准备了PPT，搭配好文字与图片，并且在不易察觉的边边角角塞上乍一看没什么特殊、实际上却只有自己能看懂的图案作为提示。另外，他一遍遍练习大声地把自己试讲的内容讲出来，以此让自己的大脑熟悉，最好能达到肌肉机械记忆的程度！因为他知道背诵是没有用的，回忆还不是需要大脑么，万一大脑"短路"了呢……

带着这样一份PPT和深刻到大脑皮层里的讲稿，毅然来到了中理大学管理学院试讲。

好在中理大学是毅然的母校，他本科就是在这里读的，并不陌生。这所高校坐落在钱塘江畔，是浙江省的重点高校，虽然只有四十多年的建校历史，却本硕博考生统招，拥有17个二级学院和40多个省级与国家级科研机构，在校生达到两万四千人。由于地缘与学科优势，虽说本科招收的是二本学生，但录取通知书的发放对象往往是超过一本线20分左右的考生。毅然走在中理大学漂亮的校园里，觉得如果能够如愿在这样的高校任教，也不枉自己多年以来的人生打拼。

他走进管理学院，学院办公室的老师很热情，引导他坐在等候室里等待试讲。

四个候选人里他排第二，第一位已经进去了，许久没有出来。

这个时候是最煎熬的，不知道前面的人是什么情况，又马上要轮到自己，实在难以冷静下来。

"毅然，请进来。"点名的声音传过来了。

听到喊自己的名字，毅然也顾不得自己波动的心理状态，起身走向面试的会议室。

在走廊里，他碰见了上一位应聘者。之前她给毅然的印象，是一位活泼自信的女孩，但是此刻，她的表情却异常难过，眼睛红红的，甚至略带一点抽泣。

"这么难吗……"毅然瞬间紧张起来。即将进入会议室时，他使用了克服紧张的大法宝——深呼吸。深吸一口气后，他一步跨入会议室。

映入毅然眼帘的是一张椭圆形的大会议桌，围绕桌子坐满了老师。毅然环顾了一下四周，发现老师们的表情都很严肃，这无疑又增加了他的紧张程度。在他呼吸就要不畅，脑袋即将发蒙之际，他突然发现在座的一位老师面相很熟悉。紧张思索！紧张思索！这个人他肯定见过！

灵光一闪，毅然想起这位老师就是他当年上大学时的数学任课教师——孙永江教授。孙老师非常敬业，讲课深入浅出，声音抑扬顿挫；虽然他的课程难度系数很高，但大家都不怎么逃课，里面多少包含了对一位认真授课教师的尊敬和感恩。虽然已经过去了将近十年，岁月仿佛没有在孙老师脸上留下痕迹。之前同学们就惊讶于 50 岁的孙老师看起来却像 30 岁，现在的孙老师依旧目光炯炯，精气神饱满。真没想到，能在试讲现场见到他。

"请问您是孙永江老师吗？"毅然谨慎地询问道，"我是您当年05级数学班的学生，我们是理学院招收的第一批数学专业学生。不知道您还记不记得？"

孙永江老师微微一怔，明显是没想到应聘者中会有自己的学生。但他略加回忆，便点头应道："对，我是带过这届学生。"

说罢，他的脸上再也没有任何表情，显出不会再多说什么的意思，并示意毅然开始试讲。

毅然曾经听父亲说过试讲的诀窍，克服紧张的好方法就是：如果在场有一个你熟悉的人，那么就当成是自己在对他单独进行讲解。眼睛可以多盯着他看，偶尔再看看周围，感到紧张就再回来盯着自己认识的人。如果这个人是自己的长辈那就更好了，想象他对自己一定是抱着期待、宽容和赞许的心情，这样紧张的情绪就有可能被缓解下来。当然，还要不时地环顾四周，兼顾其他人，这样不至于让大家觉得你只是在对某一个人讲。

毅然坚决地实行了这条策略，有机会便看向孙老师讲，就这样一点一点地把自己准备好的材料都讲了出来，并且没有出现紧张和忘词的情况。毅然觉得很满意，他觉得自己发挥了100%的水平。

"已经不能做得更好了。"他想，"至于结果，就听天由命吧。"

试讲完毕，便到了现场面试官点评的环节。首先说话的，居然是孙永江老师。事后毅然才知道，他已经是学院分管教学的副院长。孙教授说："毅然讲得不错！知识点讲解到位，思维逻辑清晰，使用的例子也非常鲜活，语言流畅，完全具备成为一位老师的素质和能力。"

同时，孙教授还特别说自己想起了当年教过的那个数学班的学生，虽然对毅然印象不太深刻，但他知道那个班全体学生都很认真努力，毅然应该也是不错的，可以说是给了自己的学生非常正面的评价。之后点评的几位领导，也说了些鼓励的话，并提了几条改进建议，试讲便结束了。

六月下旬，毅然便接到了被中理大学管理学院录用的消息。他从校网上看到录用通知，不免心生感慨。在经历了两年多的变数和等待后，他最终告别了东京和北京，得到了中理大学管理学院专任教师的职位。经过了那么多坎坷和波折，他一直听从内心的声音，不抛弃、不放弃心中的目标，并从未偏离过方向，所谓"万变不离其宗"。如今，他的人生目标终于初步实现，不免对未来生出很多期待。

────────── TIPS："以目标为中心"的基本原则 ──────────

"以目标为中心"是管理学中公认的基本原则。无论个人还是企业等社会组织，其日常工作都是围绕组织目标开展的。目标决定着组织成员行动的方向，一如故事中的毅然，确定"目标"为到大学任教，即使开局不顺，历经坎坷波折，也百折不回，最终回到这条路上，这就是"以目标为中心"。但是个人目标的坚持或调整都比较灵活，企业的目标制定和执行则要复杂得多。围绕"目标"，管理学有诸多知识点、模型和流派供人学习和使用。

02 你用得上

——SMART 目标设定原则

办完中理大学入职手续那天,毅然的父亲很高兴,专门从钱塘大学赶来,和毅然在中理大学校园里转了一圈,并在一些地标性建筑前面拍了几张照片。父亲看上去甚至有些子承父业的自豪,指着校园内一泓清水对毅然说:"有湖水的高校是美的。这座湖叫'小西湖',大约是想取些杭州西湖的灵气吧。"

毅然向小西湖望去。那里,荷花盛开、莲叶田田,正在游弋着的三只白天鹅,似乎在优雅地向他们父子俩点头示意。他又转头看向中理大学宏伟挺拔的图书馆和安静错落的教学楼,忽然觉得,生活中并不总是"倒霉",也会有些美好的事情依次出现。

从六月底即开始,毅然按管理系业务主管的要求,开始备"管理学原理""组织行为学"等新课,却忽然接到学院学工办主任通知要他担任 2018 级管理 2 班的班主任。本来,一开学就要讲授两门新课的毅然,就觉得压力已经够大了,再做班主任,会不会有些顾此失彼?

学工办主任告诉毅然担任班主任是所有新进教师的必由之路。"不必担心,学校会给你配备一位'助班'。"他说,"她非常优秀,稍后你就能见到她。"

所谓"助班",即班主任助理,是帮助班主任了解、熟悉、掌握班上学生情况、动态,协助处理班级事务的助理,一般由高年级学生担任。毅然对学工办老师所说的优秀助手和班级的新生,不禁有些好奇。"助班"是怎样的一个人?全班的"萌新"们,又会是怎么样的一群人呢?

不久,秋天到了。路两旁的人行道上没有什么落叶,因为大多是香樟,看上去还那么生机盎然。中理大学管理学院开始迎接2018级新生。

"老师好,我是您的助班张晓澄。"

伴随着一声温和却有质感的女声,毅然在中理大学校园小西湖畔见到了他的"助班"。张晓澄个子不高,长着一张娃娃脸,身穿白底镶红边的运动服,脚踩一双慢跑鞋,扎着短辫子,看上去充满朝气与活力。

毅然觉得她应该是一个好相处的人,微笑致意后说:"你好,张晓澄。之后就由我们来带领2班,预祝咱们合作愉快。稍后我们要组织一个班会,来选举班长和班委。你等会找个教室,然后通知我和大家一下。"

"好的,老师。"没有多余的话语,张晓澄说罢,立即转身前去落实。看着她活泼欢快的步履,毅然知道,自己有了一个执行力很强的助手。

果然,不一会儿毅然就接到了张晓澄发的微信信息,里面有班会的时间和地点。"效率很高呀,感觉很可靠。"毅然很高兴有了一位得力助手。他沿着中理大学校园以中外历史名人命名的小路，向指定的教室走去。

毅然对中理大学校园是喜欢的。一是她的建筑有格调，风格在变化中协调统一；二是校园各种名人雕塑布局得体，很有品位；三是正如他的父亲所说，校园有湖。那座叫"小西湖"的湖泊，清滢、静谧、秀美，倒映着教学楼和图书馆；两岸各类植被错落有致，或杨柳依依，或芭蕉滴翠，伴以各式长椅，供学生晨读午休，星夜静坐。在湖畔西南侧，还有一座八角亭，由于建在人工堆出来的假山上，远远看去，更像是得了日月灵气。

教室坐满了新生，但并没有出现毅然想象中的热烈交谈现象，也许是因为互相都不认识，明显感受到大家都有些拘束。但同时他发现不少心思活泼的同学正在偷偷观察周围，对他人的好奇都写在了脸上。也有三两个学生应该是因为分配到了同一个寝室，已经接触和交谈过了，这时就聚在一起。有些同寝扎堆的男生们或女生们，还会一起偷瞄旁边的人，然后笑嘻嘻地窃窃私语。

"年轻真好啊！"毅然一边感慨一边走进了教室。刚进去的时候，也没人太在意他，可能是因为毅然面相比较年轻。甚至后来有学生说毅然老师站在大家中间完全没有违和感，让他苦笑道："也不知道是好事还是坏事啊！"

助班已经坐在教室里，看到毅然就朝他点点头说："老师，人都到齐了。"

这个时候，才有人惊觉，原来这人是老师呀。

毅然走上讲台，清了一下嗓子讲道："我就是你们的班主任毅然。首先欢迎大家来到中理大学，恭喜你们考取了一所优秀的高等学府，现在大家可以为自己鼓个掌，敬自己艰苦努力取得的成绩，也为未来充实美好的四年大学生活加油。"说完他就带头鼓起掌来，说来奇怪，平时连自己生日都不过的人，这时也想着为学生们打造些仪式感。

听到班主任的话，台下所有人都高兴地鼓起了掌。从学生们的眼神中可以看出，他们是真心地感到高兴和快乐，对未来充满了向往。学生们两眼放光的雀跃神情让毅然一瞬间怀疑自己是不是不该要求他们好好学习了。但毅然清楚，这里很多人心中所想的大学生活与实际情况肯定有很大不同，至少与有些高中教师给他们灌输的"高中苦三年，上了大学就可以放开玩儿了"的想法不同。

之后曾有不止一位学生和毅然谈心时提起过，因为这样的说法而草率安排了自己大一的学习生活，学业上一落千丈。但他们中却很少有人埋怨自己的高中老师，也许因为这些话虽然出自老师之口，但老师不这么说，他们也会这样想和这样做，因为高三实在是太苦了。那时的毅然虽然还没有这么深的感慨，却也知道不宜泼大家一头冷水，所以他打算换一个说法。

等同学们鼓掌结束，毅然介绍起了管理学专业。他想通过专业介绍向大家灌输一个理念，就是他们学的这些知识未来能用得上。因为毅然在企业工作过，并且是使用自己的管理学知识和技能工作，所以他非常清楚，管理学专业在校四年所学的知识会用在哪里，以及怎么用。

为了增强说服力，毅然特别强调了自己曾就职于管理咨询公司。

"管理咨询公司是做什么的呢？就是运用管理学为客户提供各种问

题的解决方案。可能有同学听别人说管理学比较虚，但是管理学实际上非常有用。"毅然说，"我举个例子，大家到商业综合体去逛街的时候会买衣服。一些国外品牌的代工厂不在国内，衣服是在国外生产好后运到国内的。一般情况下，工人缝制好衣服后，会把衣服叠起来装进袋子，然后用集装箱装好运到销售地。在港口又通过货车运到店铺，店铺里的员工打开箱子，里面的衣服因为是叠好的，会有褶皱，所以需要把衣服熨烫一下再挂在店铺里销售。这个流程实际上非常麻烦，大家也知道熨衣服不是那么快的，要反复熨很多下，衣服才能平整，很多店员的工作时间都消耗在熨衣服上。"

由于毅然的话很接地气，且包含实际问题，同学们听的时候不免产生代入感，纷纷在思考到底该怎么解决问题。毅然适时引入管理学专业的应用属性来说事儿。

"这个时候，就有研究管理学的人提出，是不是有什么改进的方案？"毅然提高声音说，"最终，他们想到了一个很妙的方法。这其实是一个管理流程的问题，如果说浪费时间的是熨衣服，那么就要问我们为什么熨衣服？因为衣服被叠起来了，有折痕不好卖。那就接着问我们为什么要叠衣服？叠衣服是为了运输。显然我们必须要运输，那就要问运输一定要叠衣服吗？这时候你就会发现，不叠衣服也可以运输呀。只要不再把衣服放在盒子里，而是以衣服挂在衣架上的方式直接进入集装箱，同样可以运输，并且也是保持吊挂的状态直接进入店铺，这样就省去了熨烫衣服的环节。这样的一个解决方案，没有投入任何的资金，仅是管理流程上的改进，但节约了店铺员工大量的工作时间和劳动成本，这就是管理学的作用。而很多大型公司愿意为这样的管理方案付费。"

毅然看到台下的新生们听得津津有味，心想果然是实际案例比较吸引人。如果讲理论的话，只怕没有这种效果。可惜没有理论支撑，很多管理问题都不好解决，这些就让他们在今后的四年里慢慢感悟吧。为了进一步提升激励效果，毅然继续说道："为企业提供管理方案也可以很赚钱哦。世界著名的战略管理咨询公司如麦肯锡、波士顿咨询的管理咨询师工资都很高。如果同学们一毕业进入这样的公司，年薪就可以达到20万～30万元，并且在那里你会得到全面正规的商务培训，遇到非常多优秀的伙伴。因为提供咨询的对象都是企业家，所以也可以帮助你积累各式各样的人脉。"

听到这些话，许多同学都两眼放光，不知道是期待毕业后拿到高工资，还是在想象未来自己在职场纵横驰骋的英姿。毅然希望他们能记住自己今天说的这些，因为虽然未来很美好，但是学习的苦是要自己吃的，而很多人最终会在过程中放弃。说完这些，毅然突然想到，也许应该给他们一个目标，这样才能激发他们的动力。

回想管理学中的 SMART 目标设定原则，设定目标要具体一些、可以度量、能够实现、要设定时间期限以及与最终愿景相关联，因此毅然接着说："大家可以为自己设定一个目标，思考一下自己想去什么样的专业，因为大一下半年会进行专业分流。专业分流的时候要考试，各位可以给自己设定一个分数，比如在专业分流考试中达到 90 分以上，这样才能竞争过别人。去找找以前的试卷做做看，达不到 90 分的话，看看哪些知识点需要查漏补缺。通过达成目标的方式学习知识，一举两得，大家大一的生活也会很充实。"

一说到考试，刚才还神采奕奕的同学们顿时出现了苦瓜脸，还有一些同学眼睛已经看向窗外，思绪不知道飘到了哪里。毅然心中一声叹息，看来确实不容易呀，但是该说的话还是要说。因为毅然明白很多大一新生的前进方向是父母给的，当进入大学，约束少了以后容易找不到努力方向。另外他们对专业不够了解，要选择也无从下手，于是毅然打算趁今天介绍一下专业，虽然说完他们也不一定记得住，但是总有有心人。而且之后还会开专业宣讲会，多听几遍也就记住了。所以毅然决定硬着头皮接着讲下去。

"我们回到管理咨询公司。管理咨询公司分为战略管理咨询、财务管理咨询、人事管理咨询和计算机管理咨询几类。这些类别可以对应大家的专业分流，你们未来有财务管理、工商管理和市场营销三个专业方向。财务管理专业的同学可以进入财务咨询公司，主要是帮助客户改善他们公司的财务状况，有点像企业医生，通过成本、利润等财务指标判断公司发展的情况，或者帮助客户融资，增强公司竞争力。"

毅然说着说着，看到有同学眼皮一点一点下垂，头一低又猛一抬，差点没把自己的脸砸在桌子上。毅然想了想，摇摇头决定长话短说。

"学习工商管理可以进入人事管理咨询公司，主要是帮助客户制定管理制度，比如有些企业家学技术出身，会发明创新产品，必须雇人生产。但是人一多，怎么发工资、奖金、福利甚至是精神层面的荣誉奖励，他不太有思路。"他笑着说，"这个时候，他就会委托人事管理咨询公司为他制定科学完善的制度。市场营销专业的同学除了可以去广告、公关公司，还可以去战略管理咨询公司，为客户制定品牌战略。同学们经常看到的广告都是依据品牌战略拍摄制作的。"

毕竟是涉及自己所学专业的用武之地，关乎未来的生存与发展，毅然看到，学生们的眼神中渐渐地又有了些坚毅的神采，便决定结束关于专业的介绍，切入新的话题。

"说了这么多，其实还只是对专业的简单介绍，推荐大家去图书馆借一下各个专业的书籍，慢慢地理解领悟。"他说，"那么，专业介绍就告一段落，休息五分钟后，我们进入竞选班委的环节！"

说到竞选班委，同学们明显来了兴趣，不少人目光灼灼、跃跃欲试。

──────────── TIPS：SMART 目标设定原则 1 ────────────

SMART 目标设定原则中的"SMART"是 Specific（具体的）、Measurable（可衡量的）、Attainable（能实现的）、Relevant（相关联）、Time-bound（有时限）的首字母缩写。其意思是设定目标时如果符合上述原则，这样的目标更容易令设定者达成。比如有人设定目标为"我要减肥"，有人设定目标为"我将在未来一周减肥三斤，大致两天减一斤，坚持一个月，减重十斤，为此我每天要跑三千米，并且适当控制饮食，这与减轻体重带给我身体健康的动力息息相关。"两者相较，后者成功概率会大一些。这就是 SMART 目标设定原则。

03　最终要搞定

——"权变理论"理念

班长的选举，毅然也很期待。班长，一班之长。选对了、选好了，班风正、学风正、心气齐，同学团结，向心力大，集体活动竞争力强、同学受益、班主任省心；反之，就一切都不好说了。这样的观点，是班委竞选前一天，毅然父亲听说他所带的班级要开始选班委时告诉他的。

毅然之所以期待，首先是因为暂时不知道会由什么样的人担任这个群体的新领袖；其次是因为班委的构成至关重要，因为班风的建设、学风的打造，全靠班委会成员来做表率和推动。他也想看看，能够产生一个什么样的班子，带着自己管理的班级走过大学四年的学习生活。

毅然知道，他父亲也做过班主任。必须承认，父亲的班主任做得不错，因为那个班级在毕业前，当选为钱塘大学的"校级特优学风班"，他父亲本人也被评为"校级优秀班主任"。但毅然心里想，这并不能说明什么。一是因为自己的情况与父亲不同，父亲有丰富的社会工作经验，并且做过地方媒体的党政一把手；二是每年招生的情况都在改变，从他父亲当班主任到他当班主任，虽然同是班主任，却早已变幻了时空；三是他父亲充其量也只当过一届班主任，说到底也算不上有"丰富的"班主任经验。但最后这一点意思，毅然没有流露出来。因为他不想让父亲那点自豪感消失得太快，怕挫伤了他出主意的积极性。

想到班委选举中的具体问题，毅然正好有个问题要向父亲请教，想听听他的建议。

"老爸，您那个班级当年选班长，"毅然说，"是您指定的还是完全放手让全班竞选的？"

"可以竞选，也可以指定。关键是要选得合适。"毅然的父亲嘴里说着普适真理，却又对真理进行修正。"各有利弊。这主要看你规则是怎么制定的。"

"我目前没有什么预设规则。"毅然说。

"那就咨询年级辅导员，"他父亲说，"看有没有什么指导意见。"

"没有。"毅然说，"辅导员让班主任根据各班具体情况自己决定。"

"那你就自己决定好了。"他父亲说。

"问题是辅导员向我推荐了一个人选，我该不该考虑？"毅然有些犹豫地说，"考虑了是不是有违程序正义？不考虑以后年级辅导员会不会心存芥蒂，不支持我的班主任工作？"

"这个不好说。"父亲似乎并不想替毅然拿主意，倒出了另一个主意，"如果你拿不定主意，倒是可以到新生宿舍走访一下，侧面考察一下辅导员推荐的那个新生，看他是不是合适的班长人选。"

毅然采纳了他父亲的建议。在选举班委的前一天晚上，毅然开始了他的"扫楼行动"。

中理大学的校园里，知了在树上拼命嘶叫，似乎在抱怨江南的秋天姗姗来迟，让人感受不到一丝丝秋意。毅然熟悉了一下新生档案资料后，便来到新生宿舍。他先向门厅里的管理员阿姨打了招呼，然后开始遍访他所带班级的学生。他按图索骥，用年级辅导员给的名单找到了他推荐的新生，一个叫乔林的同学；并做了自我介绍，说是他们的班主任，让他带路走访班级学生宿舍。

乔林个儿很高，面相周正，人也很热情，给毅然留下了不错的印象。他在心里也暗暗盘算了一下，如果乔林在他走访期间表现同样不错，未尝不可以考虑在班长竞选中助推他一下。说到底，全班新生都是初来乍到，究竟谁适合做班长，对于班主任来说，确实存在初选问题，无论选谁，合适的那个都具有某些不确定因素。试用一个阶段，确实不合适了，还可以进行二次选举。那时候，大家相处熟悉了，民选不仅具有合理性，同时也有了基础。乔林并不知道毅然心里的想法。他鼓起勇气，逐个房间敲门，把毅然介绍给各宿舍新生，让新任班主任对大家都有了初步的认识。

通过走访，毅然觉得他所带的这个班还不错。从书面资料对应学生实际情况来看，当天报到率已经达到98%，算是高的；来自本省的学生占了大约三分之二，还有三分之一来自全国其他各省份；男女生比例基本平均。毅然暗想，学院以后进行的"萌新"歌咏比赛、"五月的鲜花"朗诵比赛和新生运动会，他所带的班级应该也不会差。和乔林告别的时候，毅然对他表示了感谢。

乔林说："老师，不用谢，这都是我应该做的。"

毅然听了，觉得乔林的话里已经有进入角色的意思，便说："明天我们班会初选班委，竞选班长。你好好准备一下。"

乔林眼睛放出光来，对他说："我会加油的，老师。"

毅然在"扫楼行动"的第二天的班会上，介绍完专业后，便开始部署选举事宜。他将初选班委、竞选班长的规则说了一遍，然后让报名参与竞争的同学举手。当场就有七八个同学举手，这让毅然觉得很高兴。他知道，同学们有参与的积极性，事情就好办了。有竞争，人才必然会在竞争中脱颖而出。

助班张晓澄将名单统计好后，交给了毅然。他简单看了一下，头天晚上没报到的新生段旭，赫然出现在名单里。毅然问："谁是段旭？昨天晚上还是今天早上到的？"

段旭从座位上站起来。毅然一看，是个男生，个儿不算高，面相也有些腼腆，但目光很真诚，似乎有些不好意思，不知道是忽然被点名亮相的原因，还是因为头天晚上没有及时报到被老师注意。在说完自己是凌晨才下火车，上午赶到学校报到的后，毅然看了看段旭，让他坐下，然后让竞选同学按姓氏笔画由少到多顺序依次登台演讲。

报名竞选班长的一共有三位新生，两男一女。那个女生的姓氏笔画最少，叫安进，是个细高个儿。她登台后，款款地介绍自己说，她在中学便做过班长，有一定工作经验；到了大学，也愿意为大家服务，并说了自己的一些专长，比如中长跑和排球。她的话语里有一种小大人的成熟感，语速不快，不知为什么让人觉得有一点点高冷。安进演讲完时，大家一时间似乎还没反应过来，她人已经坐下了。

第二个演讲的是乔林。令毅然吃惊的是，不知为什么，乔林表现得非常紧张。他站到台上，两眼不停地向上望着，好像在努力想词儿，话说得结结巴巴，大意是自己很想做班长，非常想做班长；如果能做班长，一定会好好做班长之类。教室里开始有了笑声，有个女生的声音响起来，明显带有挑衅或开他玩笑的口吻，问道："请问乔林，你打算怎么好好做班长呀？"

"我……"乔林脸上沁出汗来，说，"我……反正会好好做班长的。"

说完，他走下台来，似乎对提问题的那个女生有些怨气，瞪了她一眼，像跟谁生闷气似的坐了下来。

毅然一时也有些郁闷。学管理出身的他做事多多少少会有自己的计划，基于乔林昨天的表现，毅然是看好乔林的，并且他也需要为班级找到一位合适的班长。可计划不如变化快，乔林的演讲失常让状况瞬间充满了不确定性。

毅然稍稍稳定了一下情绪，想起了管理学中的"权变理论"。虽然理论的内容与现在的情况不完全贴合；但是理念是相通的，那就是管理者进行管理的方式要根据外部环境的变化而变化，也就是所谓的"随机应变"。现在乔林明显发挥失常，毅然自然要做好调整预期的准备，就看下一位同学的表现了。

第三个登台演讲的是上午才向学院报到的段旭。他走上台来，说自己从没做过班长，但他在中学做过副班长，协助班长和团支部书记做好大量工作，积累了一定的间接经验；最重要的是，他做事耐心、细心，也有一颗为同学服务的心。他非常希望大家能给他一个为大家做事情的机会，并表示如果以后大家对他的服务不满意，可以随时向班主任提议罢免他，重新选举合适的同学来做。说完，他诚恳地朝全班同学深深鞠了一躬，差不多已经达到九十度。毅然看到，大家被段旭同学的真诚感动了，纷纷为他鼓起掌来，而毅然也打算调整自己的想法，因为给大家选一个好班长才是他的最终目的。

接下来的程序，是全班投票。按照规则，毅然手里三票权重。他想了又想，最后把三票权重平均分给了三个参与班长竞争的同学。倒不是他没有自己的选择和判断，而是觉得不想超越全班同学，人为地对竞争者施加不公。他是想看看同学们究竟选中了谁。至于他这个做班主任的，不管谁来做班长，他都不会降低要求和放松管理。他决心用管理学的原理与知识，让班长和全体班委得到应有的锻炼，让班集体在管理系和学院争得应有的知名度和美誉度。他投过票后，从坐在前排的新生中随机选了三位同学，一个监票，一个唱票，一个在黑板上画"正"字。结果段旭同学以高票当选。

乔林坐在座位上，脸色不太好看。好在大家的目光都集中在新当选的班长段旭身上，并没有注意到他的尴尬。毅然对新当选的班长说："段旭，你上来，对同学们表个态吧。"

段旭很激动。他说："很感谢大家，让我今天实现了自己来到大学的第一个愿望。这个愿望的实现是一份责任。今天话说多了、说大了都不合适，像吹牛。大家看我今后怎么做吧。再次感谢大家。"

全班同学再次给出掌声。毅然听出大家的掌声很走心，也觉得段旭说得很朴素。他再次看了看段旭和乔林，见他们俩都接受了既成事实，便放心地开始了另外的流程——竞选班委。相对来说，班委的选举较为简单，是按职别竞选的。竞争激烈的是学习委员。有个叫白雪梅的女生最终胜出，因为她的履历太出色，奥数得过三届全国一等奖，作文也在"新概念作文大赛"中得过二等奖。学习委员花落白雪梅后，生活委员、体育委员、心理委员等纷纷对应了有意愿的新生，让毅然长长舒了一口气。这时候，有个女生站起来提问道："老师，团支部书记今天选不选？"

毅然想起年级辅导员的交代，告诉她团支部书记是学院学工办党团部门的工作，会另外部署选举。那个女生说："我是党员，叫何玲艳，组织关系随身带来了，是交给您吗？"

毅然想起来，他在看新生档案时确实发现有个学生是党员，现在看见她主动站起来亮明身份，心里很高兴，说："党员关系可以先交到学工办，他们会签收并上交学院党委组织部的。"想了想，他又对那个女生党员说，"何玲艳，你也对大家说几句吧。"

何玲艳说："我没啥可说的，会全力支持班长和班委工作。"

毅然做班主任的首次班会结束了。他感觉开得还算成功，顺利产生了班长和班委；唯一感到有些遗憾的是，乔林的表现有些失常，错失了当选班长的机会。想到年级辅导员之前的嘱托，毅然觉得，如果他问起来，就实话实说好了，因为并非是自己不给力，而是乔林确实在竞选时表现有失水准。但是，看到散会时乔林离开教室惆怅的样子，毅然还是决定安慰一下乔林。

"乔林，"毅然说，"你等一下。"

乔林站住了。待同学们都走出教室后，他低着头，对毅然说："老师，我让您失望了。"

"没关系的。"毅然边和他朝教室外走,边说,"你能参与这次班长竞选,本身说明你的心态是积极的、向上的、主动作为的。有这样的心态,你在大学里会有很多平台和机会的——班里有、社团有、学生会里也会有,而且更多。"

"我知道了,老师。"乔林说,"但我还是对自己感到失望。我当众说话会紧张,我可能本来就不太适合做班长。主要是父母想让我得到锻炼,和辅导员打了招呼,非让我参与竞选不可。"

"你不要苛责自己。父母也好,辅导员也好,他们的用心都是好的。"毅然说,"说到当众说话紧张,我以前也是,现在不也做了你们班主任吗?至于怎样把自己变得当众说话不紧张,你可以参加学院的辩论队,有意识地锻炼锻炼自己。"

乔林抬起头,看着毅然,觉得班主任好像并没有对他失望或放弃,眼睛里又有了光泽。

临别时,毅然向他推荐了两部电影,一部叫《伟大辩手》,另一部叫《国王的演讲》,希望他有空看看。看着乔林远去,毅然忽然想到,自己在大学讲坛上第一次讲课的考验,马上就要开始了。那么,他能不能表现得不像乔林那么紧张呢?

这时候,天上忽然聚起朵朵乌云,并有了隐隐的雷声。看样子,很快就会有雷阵雨落下。

──────── TIPS:权变理论 ────────

权变理论是20世纪70年代前后出现的管理学理论。该理论认为,管理不应该只从组织内部着眼,外部环境的变化同样对组织产生巨大的影响,因此，应该根据环境的变化调整组织管理的方式。这个理念使许多管理学家不再寻找放之四海而皆准的最优"管理方法"，转而研究如何在多变的环境中匹配采用合适的管理方式。权变理论的基本理念不难理解，却是管理学科知识体系发展的一个重要里程碑。

04　做事要有章法

——"科学管理理论"思想

处理完学生工作，毅然就要考虑上课的问题了。

作为专任教师，课堂上的专业课教学才是他真正的主战场。毅然接到的第一门课"组织行为学"，是管理专业学生必修的重要课程之一。他读书时这门课的成绩就不错，为了备这门课，又查阅了大量资料，确保吃透每一个知识点。同时，这么做也是为了克服紧张，因为演讲时大脑已经高速运转，如果还需要搜肠刮肚，组织演讲内容，脑负荷过高，就要"短路"，结果自然就是大脑一片空白。

"组织行为学"课程是在早上第一、二节。毅然走进教室，看到教室里黑压压坐满了一片人。算起来得有上百人了，毅然一瞬间有些窒息，但仍然不动声色地走上讲台，把多媒体投影仪打开，把U盘插进电脑，整理了一下上课用的资料。

所谓镇定，在外人看来，不过是我表面镇定的样子。毅然一边想，一边暗暗给自己打气。只要不表现出紧张，就没人知道我紧张。

这个班的学生是17级，比毅然当班主任的那个班级要高一年级，所以大家都是第一次见面。看到任课老师如此年轻，台下的同学们也有些惊讶。毅然走上讲台的时候，余光就扫到不少学生朝着他的方向露出笑容，开始交头接耳，继而叽叽喳喳。

上课的电铃声响起来。要开始了！好在刚开始不用讲什么知识点，毅然自我提醒着，第一个环节是自我介绍。介绍自己倒是不会紧张，都是自己的经历，有什么说什么就行，所以毅然把之前在班会上说过的履历又简单讲了一遍。说到管理咨询公司时，毅然针对工商管理专业和人事管理咨询公司进行了更加细致的介绍。

让毅然感到高兴的是，大二的同学们比大一新生要认真一些。也许是经过了一年的成长，或者是一年的"休整"，这些学生显然对于专业知识的用途和自己未来的方向更加上心。而毅然展示的自己在管理咨询领域的造诣和经历，也让同学们对他说的话更加信服。同时毅然又说到，他在日本留学和工作多年。

"如果有哪位同学想留学，可以来咨询我。从联系导师，再到选取学校，我都可以提供建议。"这些话激发了同学们一定的兴趣。因为对于出国留学，一些同学虽然有想法、有计划，但苦于没有切入口和交流的对象。看到自己开了个好头，毅然趁势打开课件PPT，开始今天的讲课。

"我们这门课叫'组织行为学'，那么我们首先要对'组织'这个概念进行定义。大家在大一学习'管理学原理'时也学到过'组织'的定义。但在本门课中，大家会发现这个定义和'管理学原理'中的不太一样。但这并不能说明谁对谁错，而是因为每位学者、每本书对一件事物的研究会有不同的侧重点，这些都反映在他们的定义里。比如本书中'组织'的定义特别强调，人们是为了实现一定的目标聚在一起，形成一个组织。那么目标的实现就是这本教材的作者想要强调的组织重要属性……"

看到台下的同学们听得都比较认真，毅然觉得到目前为止进展顺利！他抖擞精神一个一个知识点接着讲，渐渐进入了忘我状态。

"泰勒的'科学管理理论'，是组织行为学历史上的一个重要里程碑。泰勒原本是一个工程师。某一天，他的老板想提高生产效率，也就是单位时间内想让工人做出更多的产品，就把这个任务交给了泰勒，让泰勒去研究一下。因为泰勒并不是学管理出身的，他的思维习惯使得他不会一上来就从管理制度入手，而是开始用理工科思维思考——为什么有的工人加工零件快，有的工人加工零件慢呢？"

毅然注意到学生们也开始凝神思考，他意识到问题导引的讲课方法永远是授课中屡试不爽的法宝。他继续介绍泰勒的"科学管理理论"："经过仔细观察，他发现不同工人做事的方式不一样。有的工人扳手、螺丝刀乱放，加工时东找一个工具，西拿一个工具。而那些效率高的工人，工具永远放在他自己最熟悉的地方。有的工人拧螺丝要拧到转不动为止，但是熟练工对螺丝拧几下就可以确保质量合格心知肚明。所以，泰勒认为只要把那些优秀工人的做事方法和动作标准总结出来，教给其他工人，让所有人都努力在标准时间内完成工作，就可以提高劳动效率。于是泰勒动用他工程师的学识和技能，通过精确的调查数据，科学论证计算出一位最优秀工人标准的工作方式和时长，并建立了一套系统的标准提供给老板。"

毅然说着，在黑板上写出五个大大的粉笔字——"系统的标准"，然后又在那五个大字下面狠狠地画了两道横线，用粉笔重重地敲打了两下黑板，以示强调。

"有了系统的标准，就需要培训工人去理解、掌握并达到这些标准，"毅然说，"泰勒向老板提出，要培养和培训工人。可能有的同学认为，这也太基础了，我不用学习我都知道企业要培养和培训工人。但重要的是，泰勒并非依靠自己的直觉经验，而是从科学的角度论证了培养和培训员工的重要性，并且得到了广大企业主的认同。这个知识点和理念虽然基础，但是大家到了社会上就会发现，其实能做到的公司不多，所以还是请大家打牢管理学基础。比如我现在问大家一个简单的问题，如果客户不买你的产品，你有几种方法提高销量呢？"

毅然用突然发问的方式提出问题，并停顿下来，看了一眼教室里的学生。他发现自己的眼神就像激光探照灯一样，扫到哪里，哪里就一片畏畏缩缩。毅然的眼神扫到一位男生，他不同于别的学生眼神躲躲闪闪，一脸无所谓的样子。毅然觉得也许此人艺高人胆大，有能力回答问题，所以不怕。于是，毅然就请这位同学回答。

没想到这位男生被点到时，出现了明显的动摇和慌张，他略带不情愿地站起来，眉头紧锁，仿佛在思索该如何回答，但是半天也没有发出声音。毅然只好自接自话说："这位同学，你叫什么名字？"

"老师，我叫凌学风。"回答自己的名字当然不存在问题。

毅然接着引导他："好的，这不是一个很难的问题，也没有标准答案，方法有很多种，你想到什么就说什么，不用紧张。"

凌学风听了毅然的话后，好像放松了一些，嘴里嘟嘟囔囔，仿佛在斟酌自己该如何回答。就在毅然期待着学生的答案出炉时，突然看到凌学风脸色变得不耐烦起来，嘴里冒出了这么一句："他不买就打一顿！"

一时四下安静，好像大家都在咀嚼回味这个答案，等回过神来，全班爆发哄堂大笑。凌学风看大家都在笑，也有点儿不好意思，也许他本来是想不到答案打算说个笑话，没想到自己成了笑话。毅然同样没想到会是这样一个答案，他准备好了各种应对的话语，无论凌学风说出什么样的销售策略，他都能进行点评，但这个答案让他一时语塞。

"咳……提高销量有很多方法，针对不同的具体情况，可以采取降价促销、扩大宣传、打造品牌等方式。就像我刚才说的，虽然是看起来基础的管理学方法，也还是要静下心来扎实掌握。我们要用科学的管理方法经营企业，这是管理学的基本思想之一。凌学风请坐！"

接着，毅然就继续之后的知识点讲解。也许是由于刚才的课堂一笑使大家提起了精神，也许是同学们听进去了毅然的话。毅然明显感觉到大家听课更加聚精会神了，特别是凌学风，眼睛一直盯着PPT看，不复刚才的慵懒。"希望刚才的事能对他有所触动，发奋学习吧。"毅然心想。

之后的课上得越来越顺利，毅然的紧张状况也大幅改善。由于准备充分、知识技能扎实以及实践经历丰富，毅然对管理学知识点的讲解仿佛自然而然，连绵不断地流淌出来。毅然自己也很高兴，经过这次课，他也有所突破和成长，已经不再是那个上台说话会紧张的人了。

说着说着，下课铃声响起来。毅然平生第一次大学授课，就这么结束了。同学们开始收拾东西，准备下课。速度快的同学鱼贯通过讲台，不少学生会喊一声"老师再见"。毅然边应答着同学们的招呼，边收拾东西。他对这次上课的效果很满意，同时也觉得如此清新纯粹的大学课堂氛围，确实令人内心感到惬意。等同学们都走得差不多了，毅然也准备离开时，突然看见好几个学生站在讲台前，好像在等他，其中一位同学开口说道：

"老师，我有留学的打算，想向您请教请教。"

────────── TIPS：科学管理理论 ──────────

弗雷德里克·泰勒于20世纪初提出"科学管理理论"，其思想的闪光点在于改变了人们以往借鉴自身经历和经验进行管理的传统思维，强调使用科学论证，并引入了数理计算建立管理的制度体系。泰勒针对工厂的相关工作，设计并实施了诸多实验，寻找最快最好的生产方法，并将这些方法转变为可复制、可传承的管理"标准"，提升普通工人的整体劳动效率。他进而提出培养工人（用现代的说法可以理解为人才）的重要性，阐明培训对于劳资双方的双赢意义。

05　走向远方的步骤

——"目标管理"程序与方法

　　看到有学生课后前来咨询自己，毅然很高兴。能够为学生提供一些建议，正是他内心的愿望。他觉得，留学这个问题，也可以理解为管理学中的"目标管理"现象，即确立了目标以后，还要围绕目标制订具体计划，并按照计划有步骤地实施起来，而实施步骤又是讲究方式方法的。他面露鼓励神情，对那个咨询的学生开口问道："好的，你准备到什么程度了？"

　　询问的女生身形高挑，戴着眼镜，样貌看上去温婉知性。她被毅然一问，反而有些不好意思，自报姓名道："老师，我叫邓佳，我才刚开始学日语，打算今年把日语二级考下来。就是不知道是不是一定要考上一级才能去日本留学？"

　　"那倒不一定，这要看每个学校的招生要求。"毅然说，"但是学好日语很重要，因为日语不仅关系到你是否能正常上课，还关系到你能否在日本顺利生活下去。因为留学成本的关系，如果你需要打工，日语不好是无法找到兼职的。当然，你才大二，现在准备也完全来得及，只要在毕业前把一级考下来，基本上就不用太担心日语的问题。"

那个女生认真地点着头，似有所悟，但看上去却似乎不知道还该提出什么新问题。

"你是准备走中介机构？"毅然接着问道，"还是自己联系导师？"

邓佳想了想，答道："我在接触中介机构，但是也想自己联系。因为中介机构提供的选择比较少，就那么几所大学。我想自己再多看看，但是又不知道该怎么联系。"

毅然完全理解邓佳的困惑，不过他的经历和邓佳打算走的路不同。毅然是通过中介机构进入日本后，先在日语学校里学习，然后再自己联系导师。那时候周围都是在学习日语，并准备进入大学院（也就是日本的研究生院）学习的同学，可以互相交换信息。而身在中国的学生即使有留学计划，但如果周围没有人交流，收集不到信息，也会不知道该从何入手。

毅然看着围在自己周围的学生们，想必大家都是有计划却没入门吧。就在毅然准备解答如何联系导师时，他突然注意到站在外围，刚才上课回答问题说要"打人"的凌学风。以为他也想去留学，毅然正打算开口询问，却发现凌学风的注意力并不在自己身上，他一双眼睛一直偷偷盯着邓佳的背影，脸上挂着傻傻的笑容。

"不知道如果邓佳不接受他，他会不会把邓佳'打'一顿？"毅然思维不禁一时跳跃，"我这是在想什么"，他赶忙回过神来不动声色地接着说："日本很多大学院都是申请制，也就是说只要硕士生导师认可了，就有比较大的入学可能性。即使有笔试、面试，导师也会给予相应指导，不会用考试来刻意筛选人，那么难度就在于如何让导师认可你。一般来说，可以到你心仪的大学院官方网站上去看学校的导师有哪些，上面会有导师的研究方向介绍和联系方式。选择你喜欢的、同时有能力研究的方向，联系上面公布的导师邮箱，就能够接触到导师。"

邓佳听说考试不难，申请就有希望，不禁有些开心。她周围的同学们也露出了一副"原来是这样"的表情，互相交头接耳、点头微笑。但邓佳接着有些忧心地问道："那我自己发邮件过去，导师会回复吗？"

毅然点点头道："这就是问题所在了。你发邮件过去，首先日语要用好，如果你的日语文法表达、信的问候格式和敬语的使用都有问题，导师阅读你的邮件后觉得交流有障碍，那他会认为你无法完成学业，就不会回复了。你还需要在邮件里展示履历，包括你的基本情况、毕业院校和学习成绩，可以附上成绩单。然后要表达出你对他研究方向的兴趣，以及你希望能够在学术的道路上不断前进。日本的导师们都比较喜欢能静下心来做学术的学生。"

听到这里有些同学又面露难色，不知是对自己不太自信，还是认为这个流程有点难度。但是想想要和导师建立联系，这确实是必经之路。有人忐忑地问道："那我们怎么表达出自己对于他研究方向的兴趣呢？总不能就说一句'我感兴趣'就好了吧？另外，我的成绩也没有那么好，会不会因此就失败了呢？"可能是他问出了许多人的心声，毅然看到同学们都像小鸡啄米一样频频点头。

这问题让毅然不禁想起当年在日本寻找大学院、联系导师时的那段时光。迷茫、彷徨、期待、失落和成功的喜悦，什么样的心情他都体验过。说实在的，日本留学这条路的难度比起国内考研并不低多少，只是风格不同而已，也需要付出很多努力。国内考研目标方向明确、努力路径清晰，只要功夫下到了就有希望成功。而申请导师，特别是在暂时无法见到导师的情况下想建立良好关系，可能需要动用更多智慧。

"如果觉得自己学习成绩没有那么好，在校获奖也不多，可以从学术研究入手，增强竞争力。表达对导师研究方向的兴趣，当然不能只靠一句话。首先你得确定自己是不是真的对他的研究方向感兴趣。不要小看这一点，因为日本的导师往往比较严格，读研过程其实挺苦的，如果你对这个领域不感兴趣，读研期间的痛苦可想而知。"毅然希望大家不是因为觉得考研难留学易而选择这条路，他继续介绍道，"其次，因为留学同样有难度，比如联系导师的邮件里除了要写明自身状况外，还需要展示自己对想学习的领域的研究程度和自己的观点。为了方便与导师交流，要附上一份研究计划书，来阐释自己未来打算研究的方向以及研究的方法。"

咨询的女生一边听，一边在手里的小本子上记着。毅然见了，感到很欣慰，知道她是认真的。虽然刚刚上了两节课，有些疲累，但为了对热心咨询的学生负责，他还是认真地介绍下去。

"研究计划书，实际上就相当于一篇小论文了，只是不需要给出研究结果。"毅然说，"但是要求申请者在该领域能给出像样的观点，教授会以此判断学生的水平和诚意。并且研究计划书要用日语撰写，用日语写学术性书面文章，难度还是比较高的，语法表达也和日常用语有一定差别。这都是自己联系导师会遇到的困难。"

毅然把真实情况介绍了一遍，但映入他眼帘的却是周围同学们下意识地咽了咽唾沫，甚至有位同学转头默默离开。这让毅然有些不好意思，心想自己是不是说得有点过了。于是他打算鼓励鼓励大家："当然你们可能觉得，这也太难了！我才是大二的学生，怎么可能对某个领域有独到的见解？其实大家也不用想得那么可怕。正因为你们才大二，现在就开始准备，其实是好事。比起考研一锤定音，你可以分几次或同时联系多所大学的教授，时间跨度有三年，容错率足够高。所以，实际上难度还是降低了一些。"

接下来，毅然想向留下来的同学们说明研究计划书的具体写法，但是他注意到，教室里开始拥进一批新的学生，来到座位上打开书本，看上去像是准备上课的样子。知道接下来是三、四节课，会有新的师生来使用教室，毅然便提议咨询的学生到附近的空教室去，由他进一步说明研究计划书的写法。他们在那层教学楼转了一圈，也没找到空教室，转到一楼，才发现有一间小教室空着，正好可用。

"开始对一个研究领域没什么见解，往往是因为掌握的知识较少，所以可以先从看论文入手。"毅然说，"你们大二的同学，一听到论文就畏难，觉得不是自己这个层次的人应该接触的东西。但实际上论文也是文字写成的，它不过是信息的一种载体，硬着头皮找一篇来看看，看完自然知道其实不难。"

看同学们在教室里坐下来开始认真听他讲解，他索性像开讲座那样，把研究计划书作为专题来进行介绍了。他告诉同学们，论文一般有自己的格式和套路。学者们写论文时，会特别指出目前这个领域存在的问题。不去看那些复杂的公式，单纯只看结论部分的问题，多多少少也会对该领域有所了解，并且这些问题往往指出了未来研究的方向。因此作为一种取巧的方法，可以先看这个领域存在哪些没有研究清楚的问题。选一个感兴趣、觉得自己能解决的问题，尝试给出解决方法。把这个方案写出来，去找现在学校的老师交流，会得到相应的建议。结合老师的建议，反思修改，周而复始积累三年，一定能写出不错的研究计划书。而本人在这个过程中也会逐渐成为这个领域的小专家。所以，为了联系导师赶一篇研究计划书很难，但是按部就班慢慢积累一篇研究计划书却不那么难。

这就是写研究报告或者论文时常说的"问题导向"。日本的教授们非常在意学生是不是能够在问题中发现未来的研究方向。他们甚至要求学生在写论文时，在开头的章节就写明"问题意识"。这里的"问题意识"四个汉字可以直接作为日语词组使用，与中文意思稍有不同，是指基于什么样的背景下，作者发现了所作论文中要研究的课题，有点儿类似于我们写论文时要强调的研究意义。

"所以如果大家想去日本留学，现在可以做起来的事情就是学好日语，然后寻找自己未来想要研究的方向，去看这个领域的论文来积累信息量。这些事情就够大家忙活挺长时间了。路都是一步一步走出来的，如果大家在这个过程中还有什么问题，欢迎随时找我交流。加油！"毅然最后如此结尾，他觉得今天的信息量已经足够丰富了。

听完毅然的话，同学们稍微安静了一会儿，各自在心里盘算，陆续回过神来后，部分同学就离开了。但邓佳没有走，和毅然交换微信后她又问了一个问题，"老师，那去日本留学的费用大概要多少呢？"

"这个要看具体情况。每所学校都有自己的奖学金，国家还有公费生，同时在日本可以打工赚钱，所以每个人情况不同。有人一年可能花到二十万元，有人靠奖学金甚至一分钱都不花。"毅然补充说明了一下，接着他就看到邓佳眼神有些黯淡下来，但很快又恢复了清明。她"告辞"一声就离开了，而凌学风则早已不知在什么时候离去了。

过了几天，毅然收到邓佳的微信信息，意思是她考虑留学费用较高，家里无法承担，只能放弃，但是依然谢谢老师的耐心解答。毅然看到信息后有些叹息，但显然他帮不上什么忙。

至于后来听说凌学风成功追求到邓佳，两人一起打工攒钱凑齐了邓佳的初期留学费用，邓佳成功留学，毅然惊叹之余感到无比高兴，但那已经是很多年后的事情了。

──────── TIPS：目标管理 ────────

目标管理是美国管理大师彼得·德鲁克1954年在其著作《管理实践》中提出的。"目标管理"的主要理念是，管理应该设定目标，有目标才能确定组织成员的工作。如果一个工作板块不设定目标，这个板块的工作就会被员工忽视，因为员工会被其他目标牵引去完成相应板块的工作。"目标管理"强调大目标应分解成小目标、总公司目标应分解成部门目标以及个人目标，并依据目标进行考核和奖惩。同时，目标制定时应让基层员工多参与，便于制定切合实际的目标，以激励员工达成。

06　互不否定

——"头脑风暴"方法论

　　授完大学第一次课，毅然感触良多。不仅是因为课堂上凌学风回答问题时的突发情况，还是因为向学之路不易。回到家里，他向父母打过招呼，继续备课。终于如愿成为大学教师后，毅然的生活自此也就变成备课、上课、科研的"三点一线"，并串成了一个完整的循环。

　　毅然的家离学校很近，步行不过二十分钟的路程。这样，学校原本答应给他的教师公寓便没给。他并没在意，也不想因为这种个人和集体利益之间的因素影响职业心境。他暂时与父母住在一起。好在与父亲各有书房，书房支床即可休息；母亲更是高兴毅然重新回到身边，每天做饭做菜，看着父子俩吃得开心。

　　毅然的父亲已过中年，身体发福，每天用散步的方式保持体重。他建议毅然与他一同散步，也便于交流教学心得。毅然曾陪父亲在钱塘江边走过几遭，从"2号观潮点"走过钱江九桥，又朝海宁方向走了很远。虽然一路上他们也交谈过一些关于教学的想法，但是毅然觉得，散步的方式于父亲合适，于自己，却太过"老式"。他宁愿通过跑步的运动方式来锻炼自己，后来便没有再陪父亲散过步。父亲也知道自己的作息习惯与年轻人不合，也就没有强求过毅然。

这一天，毅然翻开书本看到这样一句话："管理是科学与艺术的汇聚，是理论和实践的融合。"这样的表述毅然早就看到过，并很认可；但是不知为什么，再次读到这句话时，他觉得不能轻易放过。"需要做点儿什么……"他一拍桌子，站起身来，生出一个想法。第二天，他来到中理大学的团委办公室。

"我是管理学院教师毅然。"毅然对办公室的一位年轻人说。"我想组建一个学生社团，不知道相关事宜应该咨询哪位老师？"

"你好，我这边负责学生社团管理，王卿松。"王卿松老师做了下自我介绍，接着问道，"不知道毅然老师想组建一个什么样的社团？"

"做一个关于新媒体的社团。"毅然昨天备课时有了这个想法，他希望能把工作时积累的经验也利用起来。"现在是新媒体时代，我以前在公司里负责过品牌管理工作，对传媒行业也比较熟悉。我想带几个学生做些反映校园生活的漫画或者视频，发布到社团新媒体上。同时，组建社团也可以锻炼学生的管理实践能力，让他们能更好地领悟管理学书本上的知识点。"

"好啊，对于教师带领学生组建社团，我们一直是欢迎的。"王卿松老师负责团学工作多年，经验丰富，高兴地说，"有老师参与指导，我们也比较放心，同时可以从各方面锻炼学生的能力。建社团的条件是需要有十个学生自愿加入，并且确定一个负责人。然后要制定社团章程，提供申请材料，这些都齐全的话，就可以在学校注册成立了。"

毅然弄清楚组建社团条件后，对王卿松老师表示了感谢，便想告辞。

"毅然老师，你应该是刚来吧？"王老师送他到办公室门口，说道，"以后如果团学这方面有什么问题，可以随时联系我，我会尽力提供帮助，一起努力丰富学生的校园文化生活。"

告别了王卿松老师，毅然离开了团学办公室。他知道，之后就是要招人了。他打了个电话给已经当选班长的段旭，向他说明组建社团的意图，让他在班级群里发消息，招募自愿参加的同学。段旭听了以后也很感兴趣，不一会儿就发来一个名单。毅然一看，居然有二十来人，他很高兴进展一切顺利，同时觉得自己可能找到了增强教学效果的好方法。

现在就该确定社团的负责人人选了，这时毅然却有些犯难。他想起之前的班长竞选，觉得乔林其实是一个不错的人选，更何况辅导员老师也有推荐。但段旭在班长竞选中表现出的能力让人印象深刻。成功当选后，段旭为同学们跑前跑后，从分发教科书到组织上课，管理班级没有出现任何问题，已经建立起不小的威信。

社团刚刚成立，如果要凝聚人心，社长就必须能够服众。所以毅然左思右想，最终决定还是用提名候选人、等额选举、不同意可另选他人的方式，让段旭顺利当选为社长。他想，等有人在实践中脱颖而出了，再给段旭卸担子也不迟。

毅然又打了个电话给段旭，说明让他担任社长的想法。段旭自然乐意，他刚进入大学，对大学生社团也充满好奇；再一听毅然说借助实践锻炼能力，还能让他对课本上的管理学知识点有更深刻的认识，便再无异议。毅然向他交代了组建社团需要的手续和流程,并让他在这两天安排报名的同学见面,开一个社团大会。

段旭答应了一声,就去忙活了。不一会儿,毅然接到段旭的微信信息,新社团需要一个名字。本来是颇为重要的事情,但是段旭说团委那边要得急,有了名字才好走之后的手续。毅然心想,既然是做新媒体的社团,干脆就叫"新媒社"吧。"媒"和"梅"又谐音,给人感觉挺清新可爱的样子。如果以后有了更好的想法,可以再改嘛,就是它了!

两天后的社团启动大会,毅然作为社团指导老师上台,向大家介绍"新媒社"的基本构思和未来方向。都是自己班里的学生,毅然讲得比较轻松,但他特别强调了实践对管理学学习的作用,希望大家能在社团活动中积极主动寻找锻炼自己的机会。

"现在我们有社团的第一个事项要决定,我们申请了一个社团公众号。公众号今后发些什么内容,不知道大家有没有有趣的想法?"毅然看向台下,都是自己班的学生,现在和他已经渐渐熟悉起来。尽管如此,同学们也陷入了一时的思考,无人应答。

"这要在公司里,得'头脑风暴'了吧。"毅然下意识地想到,"对啊!就是'头脑风暴'!"

"大家知道什么是'头脑风暴'吗?"毅然看到同学们纷纷摇头,面露不解,便解释道,"'头脑风暴'是一种讨论创意的方法,一群人对一个需要解决的问题进行自由联想,寻找解决方案。但是要注意,发表自己的观点时只许肯定别人的意见,或在别人意见的基础上提出自己的方案,而不能否定别人。这个方法在公司里经常被使用,我们现在就可以体验一下。"

同学们一听,纷纷表示愿意一试。但是到底该怎么个"风暴"法,却又一时摸不着头绪。

"'头脑风暴'一般需要一个主持人,主要是确保'头脑风暴'的规矩不能被打破,这次就由我来担任。"毅然充满热情地看着大家,用鼓励的语气说,"大家关于社团的创作内容有任何主意,都可以提出来,不用在意别人的想法。"

然后,他拿起一支粉笔,准备在黑板上做记录,并用期待的眼神看着台下的同学们。

"我觉得可以做漫画。"一位男生率先举手发言。毅然记得他叫万晓飞,平时在班级里就比较活跃,经常冒冒失失地闹出一些笑话,是大家的开心果。

"但是我们这里没有人会画画吧。"旁边的曹德坤随口怼了万晓飞一句,他俩分配到一间寝室,这些天已经混熟了,交换意见已经成了下意识。

"停。说好了'头脑风暴'不可以否定别人。"毅然早就料到有人会忍不住说"但是",他自己当主持人就是为了及时给一个刹车,他说,"只能赞同别人,并在人家观点的基础上进行追加。"

"好的老师,那我喜欢看玄幻题材的漫画。"曹德坤顺着"头脑风暴"的思维方式在万晓飞的观点上进行了升级。"修仙的人提升境界,这种有目标、不断成长的感觉让我看了就充满干劲。"

"那得要有好的编剧才行呀。修仙的故事要写得好,得对中国古文化很了解才行。"万晓飞又习惯性地评论起曹德坤来。结果还没等毅然叫停,曹德坤就一巴掌拍在了万晓飞的肩膀上,来了一句,"不要否定别人,不要否定别人,你咋学习能力这么差呢。"

万晓飞被拍得龇牙咧嘴。这俩人的举动逗笑了周围的同学,大家也开始放开思路,你一言我一语地提出自己的想法。

"做玄幻修真漫画的话,能不能把男主角画得长发飘飘?"一个女生接着刚才的话继续说下去。"我就知道你喜欢这种,天天盯着你床边的海报流口水。"旁边另一个女生笑嘻嘻地说道,顺手挠了一下对方,两个女生瞬间互相笑打在一起。

"爱情戏必须有吧。我觉得校园生活也可以画,我们周围素材可多了。"有人说,"你们知道一班体育委员已经找到女朋友了嘛?""什么!这么快!"有人惊叹道,"这才一个月都没有!"

顿时，大家的思维发散得非常厉害。毅然身为主持人都有点忍不住要开始干预了，好在下面的发言渐渐回到了正轨。他耐心地听着大家的想法，如实记录，不一会儿就写满了大半个黑板。上面有着各式各样的创意，除了"漫画""编剧""摄影""青春""历史"等方向性的词汇，还有"生活区新开了奶茶店""火星上烤鱼味道好"这种不知哪里冒出来的句子。

看着这么多的点子，有人问："老师，是不是已经够多了？"

毅然笑着，摇摇头说："'头脑风暴'的一个重要特点，就是追求创意的数量。数量多了，不仅能激活大家的思维，还能以量求质，能用上的创意才会出现。"

随着同学们的创意不断涌现，毅然已经把整个黑板写满，再继续下去就要在字缝里找空间了。看看手表，已经过去四十多分钟，时间差不多刚好，毅然边拿手机拍下黑板上的字边说："创意的数量差不多了。大家辛苦了，下面再坚持坚持，我们从中选择可行性高的点子。"

望向黑板上密密麻麻的字，同学们也很有成就感，毕竟过程也不痛苦嘛，无非是你一句我一嘴，反正说话聊天也不累。

"这次关于漫画的创意比较多，那么我们先论证一下社团创作漫画的可行性。"毅然主持道，他倒没说接下来可能就会变成"理想很丰满，现实很骨感"。果然马上就有同学提出，我们没有画师怎么办。就在大家眼珠乱转想办法的时候，一个声音突然响起。

"我会画画。"循声望去，大家看到一个男生坐在角落里，戴着帽子，让人看不清他的脸。毅然想了一下，也不清楚这个男生是谁，只得望向旁边的段旭。段旭正好坐在毅然身边，于是悄悄对毅然说道："他叫周应天，是咱们班的，就是不太和别人说话，总是独来独往，是不是会画画我也不清楚。"

正如段旭所言，周应天一个人缩在角落，如果这时有人拿着相机朝那边拍张照，就会发现能进入照片的只有他一人。不过毅然觉得，周应天愿意表明自己想参与进来是好事，这是他融入大家的第一步。只不过周应天说了一句就没了下文，谁也不知道该怎么接话。

在突如其来的冷场中，毅然开口道："大家看，画师这不是来了么。所以'头脑风暴'开始时不用太在意创意的可行性，你的强力队友也许就在身边。"

气氛稍微缓和了一下，大家又开始讨论起来。最后，新媒社第一次社员大会决议，社团先从创作微漫画、传播正能量故事起步发展，下设绘画部、文创部、软件部、管理部、外展部等部门。参加社员大会的同学们根据自己的兴趣爱好，加入对应部门，并且大家对段旭担任社长也没有异议，投票一致通过。毅然觉得这次大会很成功，不管怎么说，参与同学有机会亲身实践"头脑风暴"，相信今后到了公司，不会因为没有接触过这种会议方式而露怯。

会后，毅然找到周应天。"能把你的画给我看看吗？"毅然问他。既然要做漫画，画师必然是重要的。虽然毅然自己也会画画，但是不可能每一期漫画都亲自动手。而目前新媒社只有这一位画师，不过毅然倒也不担心，不积跬步无以至千里嘛。周应天点点头，拿出手机找到一张图片给毅然看："这是我高中时画的。"

没有多余的话，却也不是拒人于千里之外。但毅然看到周应天的画后，笑了，他对新媒社的未来有了信心。

──────── TIPS：头脑风暴 ────────

"头脑风暴"的意思是各种观点相互碰撞产生创意火花，且过程中不可相互否定，它在管理实践中应用非常广泛。在实际应用时，还需要注意一些细节，例如尽量选择宽敞明亮的场所；参会者需要保持良好的精神状态；根据公司情况可以提供一些饮食，这些主要是为了保持轻松的氛围以激活大脑。当然，"头脑风暴"产生的创意在实际运用前还需要打磨，但其仍然是效果显著的创意生成方法。

07　人际向优

——沟通的技巧与方法

一日，毅然接到学工办通知，各班级进行团支部"推优"工作。

何玲艳考上大学前已经入党，后来经学工办提名为候选人，全班团员以等额选举方式，被选为团支部书记。虽然是等额选举，但如果不同意组织推荐候选人，也可以推荐他人。何玲艳最终以高票当选。她很自律，也很成熟，对毅然工作非常支持。因此，毅然便把"推优"工作交给她去组织，自己出于只是了解班里同学进步情况的考虑，决定只旁听，不参与发表意见。

2018级管理2班"推优"工作开始了。应该说，何玲艳安排得有条不紊，有意在政治上追求进步的同学，先后登台演讲，阐释自己追求进步的愿望、原因、条件和规划，主要是在学习上打算如何用最短时间在英语四、六级考试上取得突破，在班级集体活动如歌咏比赛、朗诵比赛和暑期社会实践方面如何走在前头，在为全班同学做实事方面如何默默奉献，在大学生志愿者活动中如何积极参与公益……上台发言的同学让毅然感受到了他所带的班级显现出的积极向上的正能量，这令他很欣慰。

这时候，有个身材矮小，名叫朱小祎的女生走上台来。她穿了一件平时并不常见的长款连衣裙。连衣裙面料高档，但亮红的颜色抢眼，于她并不合体；立领过于高宽，将颈项完全遮掩起来，视觉效果并不理想。

在毅然平日的印象里，朱小祎一向穿着朴素，平时总是怯怯的、默默的，所以并不引人注目；那天不知为什么一反常态，想到要用耀眼的红色来"妆扮"自己。毅然是2018级管理2班班主任，比较了解学生家庭与思想状况，知道朱小祎家境艰苦，从小生活在贵州大山里，他曾想在全班评定助学金方面对她有所关照。没想到，当他向她说了想法后，竟被婉拒了。"老师，我在学校超市打着工呢。"她说，"助学金给更需要的同学吧。"

毅然当时吃了一惊，同时从心里对她生出了钦佩的想法。在讲授《管理学原理》中的"管理沟通"章节时，毅然曾经从沟通在管理中的重要性出发，结合自己在职场上的经历，深入浅出地讲解了沟通的条件、基本模式与方法；重点阐释了自我沟通、人际沟通和组织沟通的类型。他知道，"推优活动"正是他观察学生面对全班进行人际沟通时最好的观察窗口。他看着朱小祎，想看看这个其貌不扬的女生如何通过演说让大家了解并认可自己。

身着红色连衣裙的朱小祎走上台来。教室里出现了窃窃私语。但她没有受到影响，平静地开始了自己的演讲。她声音不高，有时声如蚊蝇，内容却令全班同学渐渐安静下来。她说，在她的家乡有个景区，在景区的收费站或红绿灯路口，常见有卖小食品、矿泉水、纪念品和时令水果的中老年妇女。闸栅横杆一放下来，她便看到她们蜂拥而上；横杆一抬，她们便闪避路边。她认为这样的售卖行为十分危险和违规，但是，她表示自己要说的重心不在这里，而在于为什么明明知道危险和违规，那些大妈和奶奶们还要那样做？

教室里的同学听了，面面相觑，好像在思考朱小祎所提问题的答案。

"显然，是为了生存。"朱小祎没有给班上的同学留多少时间思索，便说出了自己的见解。接着，她分析，在交通要津售卖物品谋求生存，其土壤的贫瘠可想而知。但就是那么贫瘠的生存条件，她家乡的大妈和奶奶们发现了"谋生手段"。这给了她很大震撼。她说，她能来到中理大学管理学院读书，已经觉得足够幸运。虽然自己天资一般，能力不强，不知道能否在班级里做到各方面出类拔萃，但是学院所提供的学习和生活条件，早已远超家乡的大妈和奶奶们在路口售卖物品的生存环境；因此，自己会努力的。

朱小祎所说的，让毅然再次吃了一惊。她在"推优"中不是把自己推得多高，标榜得多强，让自己显得优秀，值得被推荐；那么，她通过自贬身阶，将自己降到最低，到底想要表达什么？

"可是，我不会停止前进，更不会停止追求。"朱小祎说。接着她举了另一个例子，说她想到了悬崖上的那些艰难生长的松树。它们根部的土壤又会有多丰厚呢？不是和她家乡景点的大妈和奶奶售卖物品的路口差不多吗？但是它们依然在悬崖附近生长着，而且风雨不摧。她说，今后，在学习、工作和生活中，她都要学做悬崖上的小松树……

朱小祎的演讲赢得了全班同学的热烈掌声。

最后一个演讲的是葛洪英同学。他是个男生，面孔白皙，身材瘦高，学习成绩在班里数一数二。他在演讲中历数了自己的优秀之处，包括高中阶段的全国奥数和国际学科竞赛成绩，进入中理大学后决心让自己变得更高和更强的抱负，以及他追求政治进步的红色家庭背景。他讲得很真诚，但是赢得的掌声显然不像朱小祎的那么热烈。

"推优"是有名额限制的，每次每个班级不能超过三人。最终，脱颖而出的三人中有朱小祎，却没有葛洪英。三位被"推优"的同学登台，集体向大家鞠躬致谢。大家看到，朱小祎眼中噙泪，激动得满脸通红。大家又报以热烈的掌声。

令人诧异的是，葛洪英一言不发，也不鼓掌，还没等团支部书记何玲艳宣布散会，便抬脚就走，并且把教室的门狠狠关上。那扇门发出"砰"的一声，在大家耳鼓里显得格外响。

何玲艳表现得非常沉着冷静。她看了那扇被关得紧紧的门，没有表现出丝毫不适，而是微笑着总结道："祝贺被推出的三位优秀同学。今天被'推优'，意味着明天必须加倍努力；没被推出的同学，也并不意味着不优秀，而是名额有限，并且机会还会有，会不断产生。党组织的怀抱是敞开的，欢迎更多的优秀同学加入组织。"

然后，何玲艳对毅然说："老师，您还有什么要对大家讲的吗？"

毅然欣慰地朝何玲艳摇摇头，表示没有，何玲艳这才宣布散会。毅然和她走在最后，她对葛洪英刚才的表现表示担忧。毅然安慰何玲艳："我会找他谈谈。"

正说着，葛洪英的电话打进来了。他对班主任说："老师，您有时间吗？"

毅然说有，随后让他到系办公室，自己随后会到。

在办公室里，葛洪英向毅然诉起苦来。他说自己很苦闷，说着说着，甚至流出眼泪，边擦拭边说，他明明条件不错，入学以来在各方面都努力表现进步，不知为什么总是得不到大家的认可。他问毅然："老师，您说，他们是不是嫉妒我才故意不推我'优'的？"

毅然没有急于回答葛洪英"是"与"不是"，而是问他，当天"推优"中，他最意外的结果是什么。不出意料，葛洪英表示是朱小祎入围。

"她哪里比得上我，老师？什么'推优'？这不是劣币驱逐良币吗？"葛洪英委屈地说，"她连穿个衣服都不知道合不合适，那件大红连衣裙还是朝同学借的。"

"暂不说衣服是不是借的。"毅然说，"我先要纠正你一个概念——'劣币'和'良币'。大家是同班同学，而不是'币'；既不是'币'，何来良劣？"

"我不是说朱小祎是'劣币'，我不是这个意思。"葛洪英赶紧否认说，"我说的是这种'推优'方法。"

"团支部的'推优'方法，是经过报备和全班同学投票前认可的。"毅然说，"如果有不足，可以在以后改进。况且同学们认真参与的'推优'，是'好中选优'，并无不妥。"

葛洪英低下头，不再说话。

"如果你没有不同意见，"毅然说，"我们先来分析一下朱小祎今天的演讲内容，看看能不能找出她胜出的原因。"

毅然耐心地为葛洪英分析道，朱小祎演讲的内容和方式都是出色的，可以称为成功的人际沟通范例。她不是与其他同学比优秀资质和条件，而是放低身段，比态度、比意志力。若论资质和条件，她确实差强人意；但若结合态度和意志力综合看待，她显然更胜一筹。而学院党委让团支部组织学生进行入党积极分子"推优"，不是单纯地比谁学习好，更不是比谁更懂得穿戴或衣裳配色，而是对其追求政治进步作综合判断。同学们的个体投票可能会有认知偏差现象，但综合大家投票结果，便可以在一定程度上纠正个别认知偏差。

"你的演讲也有可圈可点之处，比较全面地展示了你的优异之处，希望被大家认识到。"毅然说，"可是，会还没散你就因为不接受'推优'结果夺门而去，会不会让老师和同学们觉得，你的态度和意志力都有些问题？朱小祎资质比你弱，尚且能看到悬崖上的小松树在怎么顽强生存；你呢？想参与'推优'却输不起，还哭鼻子……"

"老师，我刚才是有些失态。"葛洪英不好意思地说，"我要更坚强些才是。"

"是啊，世界上的成功，并不都会降临到努力者身上，但绝不会降临到轻易哭鼻子的人身上。"毅然说，"当然，我还是要肯定你主动联系我，和我沟通，而且选了面谈这种最好的方式。"

"是啊，我觉得打电话、发微信给您，"葛洪英说，"都不如面谈来得畅快和彻底。"

"我高度评价你这种积极性。"毅然说，"有心结时，主动找老师、长辈和好朋友谈心，是纾解的最好方式。"

"我知道，沟通的确很重要。"葛洪英舒展了眉头，露出笑容说，"这也是您在课堂上强调过的。"

"可是，作为老师和班主任，我还要提醒你，"毅然又说，"由于每人的家庭经济条件不同，以后你轻易不要臧否别人的穿戴。朱小祎为了'推优'借衣服，是需要勇气和决心的；那里面有一种令人感动的情愫，需要你好好理解和消化。"

"我明白了，老师。"葛洪英沉吟了一下，表态说，"您看我今后的努力吧。"

―――――――――― TIPS：沟通技巧与方法 ――――――――――

"沟通"是管理实践的重要领域，是每个管理学人的必修课。在管理实践中，沟通不能单纯依靠直觉与习惯，还需要注意技巧与方法。沟通可以分为自我沟通、人际沟通和组织沟通。人际沟通的技巧与方法首推当面（含视频）交流。这种沟通方式的优点是可以通过有声语言与肢体语言达至全息交流，且交流顺畅、反馈及时。由于反馈在沟通中具有不可忽视的作用，所以包含感情色彩的重要沟通最好采用当面交谈的方式，这是管理实践中沟通时需要特别注意的。

08 赚吃喝不是赔本

——"注重经济性"的基本原则

毅然指导的"新媒社"成立后,不断吸纳人才,渐渐有其他班、其他系,甚至其他学院的同学加入。新加入绘画部的淳于春,算是有才的,他不是管理系的学生,而是来自广告系,在美术上有一定的童子功,尤为擅长构图,视角翻空出奇,视觉冲击力很强,受到毅然赏识。他报名参加"新媒社"比较晚,自己表示本来想竞争社长职位,但由于段旭众望所归,让他的愿望落了空。毅然看了淳于春的画,有意提携他,便建议段旭提名补选他做副社长兼绘画部部长。段旭是毅然带的那个班的班长,对班主任的提议自然附议。这样,淳于春便做了"新媒社"副社长。

"新媒社"的社长本来一正一副共两人。段旭是被社员选举为社长的;淳于春是指导老师提议段旭让他作为候选人,通过选举程序成为副社长的。但是社里都知道,还有一个"副社长",也就是乔林。不过,他是自封的。

那是乔林听说毅然组建了社团后,主动找到班主任说想加入。乔林总是抓住各种机会想要锻炼自己,这在毅然看来是好事,并且他多少因为乔林在班长竞选中落选有些遗憾，也希望他能在社团里多多锻炼。乔林刚加入社团时，确实展现出了不俗的组织能力，使不少社员团结在他周围，有时社长段旭遇到困难想不到办法，也会请乔林出主意。毅然对这些事情倒没有介入，社员之间相互支持是好事，但是毅然能感觉到有时乔林看段旭的眼神十分复杂。

一方面，段旭具备不错的组织管理能力，性格也好，大家都喜欢他，乔林和段旭的关系也不错；另一方面，除了班长竞选那次，乔林觉得段旭没有展现出让他足够信服的管理能力，乔林多少有些不甘心。反映在行为上就是，乔林经常给段旭出主意，有时又略带鄙视地调侃段旭说他傻乎乎，好在段旭本人不当回事。只不过，毅然没有想到乔林竟然会自封为"副社长"。

按说，自封的"副社长"本没什么"法律效力"。但是社团里，经常会有社员用开玩笑的方式对乔林说："这事儿，您作为副社长，是怎么看的？"社员们这么说，是因为乔林一直坚称自己是副社长，平时说话，总喜欢这样来开头："作为副社长，我认为……"

这一天，"新媒社"开编委会，按指导老师毅然的提议，打算在全校范围内做"漫画大赛"。讨论方案时，乔林到社团活动室来了。段旭刚说完办赛思路，淳于春便故意用夸张的口吻问乔林："作为副社长，您有什么要说的吗？"

"当然有了。"乔林以极大的耐受力承受着淳于春的调侃，逆来顺受地说，"作为副社长，我觉得社团办大赛是好事，但不能赔本赚吆喝，一定要广开财路，最好能赚它一笔。"

"怎么开源？"段旭很感兴趣，鼓励乔林道，"你说说看。"

"你们要是信任我这个副社长，"他说，"我乔林可以带着外展部的社员，到学校周边的茶社、水果店、餐饮店作地毯式摸排，看看有没有愿意赞助的，可以让他们挂名、冠杯。"

"外展部是我分管的部门。"淳于春说，"拉赞助本来就是他们的工作，不用你带着。"

段旭看了淳于春一眼说，"人多力量大，办法多。一个伟人曾经这么说过，你不知道？"

"我是怕他添乱，"淳于春不看乔林，转脸对段旭说，"难道让外展部赔本赚吆喝？"

"我添什么乱？"乔林说，"我是副社长，身份在那里摆着，现在是时候让周边的实体店知道这一点了。"

"你可以加入他们。"段旭想了想，表示同意。"毅然老师上课时不是说了嘛，'注重经济性'是管理学的基本原则。我们'新媒社'办大赛可以扩大影响、提升知名度，但一味地投入人力物力肯定不行，也得'注重经济性'。当然，除了拉赞助开源，还要精打细算节流。管理部要做好预算，控制成本，把大赛费用降到最低限度。"

段旭将编委会开会的结果向社团指导老师汇报，毅然也觉得段旭做得对。他看着段旭报给他的成本预算，大赛设一等奖一名，奖金三百元；二等奖三名，奖金各二百元；三等奖五名，奖金各一百元；优秀奖若干名，奖励视拉赞助情形而定；印制纸质宣传材料若干，印刷费八十元；获奖证书及颁奖现场布置，费用是二百元；其他支出机动费，含矿泉水五十元。应该说，造价是节制的，也是切实可行的。

如果外展部拉的赞助可以提供支撑，大赛是可以顺利举办的。这样对于扩大社团影响、激励社员干劲、拉动粉丝上涨，可以产生非常积极的影响。"漫画大赛"历时大约两个月，毅然让段旭放手组织，并对他鼓劲说：

"有什么困难，随时找我；颁奖阶段，我会去代请学院和系里领导出席仪式，以提升赛事档次和影响力。"

段旭很高兴。他让文创部进一步完善方案后，便交由外展部在"新媒社"公众号上发推文，在学院的宣传栏张贴纸质小海报，并将赛事的挂牌和冠杯权的招商材料发给全体社员，叮嘱外展部成员务必努力。

宣传攻势展开的时候，梅雨如期而至。细雨在暮春夏初淅淅沥沥地下着，给位于杭州的中理大学披上了一层暧昧的湿润。"新媒社"开始陆续收到参赛作品，作品大多是日韩风，有的小清新，有的热血高燃，但也有些阴郁压抑。毅然浏览了段旭传给他的参赛作品，给了些鼓励，并让他注意倾向性的把握，即凡是宣扬血腥暴力和淫秽色情的，不尊重妇女儿童合法权益的，违反国家法律法规政策的，一律予以退稿处理。

"老师，退稿是不用的。"段旭说，"我们在大赛启事中注明了，'来稿一律不退，请自留底稿'。很希望能收到日韩风淡一些的参赛作品。"

"表现形式上可能得一步步来。"毅然提醒说，"漫画的日韩风向中国特色过渡，不是一朝一夕的事情。以后公众号上可以多推些万氏兄弟的作品，以中国水墨形式的作品进行引导。"

"中国水墨形式我知道，"段旭问，"可万氏兄弟是谁？"

"是万古蟾、万籁鸣兄弟。"毅然说,"他们画得非常好,是中国动画片《大闹天宫》的作画导演。"

"明白了,我得先到网上找来看看。"段旭说,"老师,我们社团还有事拜托您,就是给我们请一些高端评委。"

毅然表示没有问题。他曾向学院和系里的领导汇报过"新媒社""漫画大赛"的事情,原来是想请他们出席颁奖仪式,现在可以试试拜托他们担任评委。另外,他还可以联系艺术传播学院的专业老师,那个老师有表妹在日本知名美术院校毕业后留日从事设计师工作,都是评委的人选。最后,他想到了淳于春,觉得淳于春有绘画功底,代表学生评委应该没有问题。他对段旭说:"评委的问题交给我,你放心组织赛事就是,特别是落实赞助的事情。"

但是,毅然和段旭都没有做好充分的心理准备,来接受拉赞助不顺的问题。原来,乔林信誓旦旦地表示他们带着外展部为赛事挂牌冠杯拉赞助,但并没取得相应的效果。如果说他没有努力,也不尽然;他所到之处,都主动积极亮明身份,自称"乔副社长"亲自带人来洽谈业务。学校周边起初有几家愿意赞助的实体店接待过他们后,又找到学院社团活动室,说要和"乔副社长"进一步洽谈;适逢淳于春在,觉得业务即将达成,随即对实体店老板澄清说,"新媒社"没有什么"乔副社长";副社长只有一个,是他淳于春。没想到对方听了,顿时满腹狐疑,觉得真假难辨,以为遇上了不靠谱的人,遂决定终止合作。也有的实体店提的条件过高,要求进校园摆摊做业务宣传。"新媒社"到学生处和团委审批,被一口驳回,说学校有明确规定,禁止社会组织随意进校园做业务推广……结果是,除了一家画店和奶茶店最后表示还可以有限度地支持外，其余有合作意向的店铺全部"黄了"。

毅然镇定地问："有限度的支持，是怎样的支持？"

段旭汇报说："原来打算支持我们一千元的画廊，现在决定不再支付现金，只给一、二、三等奖的选手每人一幅画；奶茶店也表示，获奖选手可以到他们那里，凭获奖证书每人领一杯奶茶。"

"一幅画大约价值多少？"毅然问，"一杯奶茶又值多少？"

"画从三十元到五十元不等，他们说会提供不错的画作，价值其实比定价高。"段旭说，"一杯奶茶，贵的二十元，便宜的十五元。"

"你让乔林进一步落实一下，看他们能不能给九幅画，三十杯奶茶。"毅然说，"原来答应他们的宣传条件，挂牌冠杯的信息，可以出现在我们公众号的宣传里；我们承诺，每期获奖作品的推送，阅读量不会少于两千人次。"

段旭听了表示担心，说每期推送都达到两千并不容易，因为此前的推送极值虽然突破过三千，但平均每期一千也许可以，每期两千恐怕难以实现。

"我们这是'漫画大赛'，获奖作品和平时的推送不一样。"毅然说，"要给外展部，不，给全社同学增加推送任务，大家一起拉粉，有希望达到甚至突破。"

"好的，我去落实。"段旭仍然愁眉苦脸地说，"可是大赛原来承诺的获奖选手的奖金呢，怎么办？难道我们说话不算数了吗？"

"不会不算数。"毅然说，"这个问题，老师来解决。"

"新媒社"原定的颁奖日期近了。参赛学生比较踊跃，也收获了一批比较优秀的作品。毅然让"新媒社"编委会先对作品作了初筛，选出三十幅基础比较好的作品进入评委会层候评。然后，他邀请了计划中的评委，把作品电子稿传给他们，请他们进行打分，并充满歉意地说，由于学生社团没有财源支撑，评选皆属友情出场，没有评审费；看在他的薄面上，敬请支持谅解。评委们给予了理解，纷纷在规定时间内打出了分数，反馈回来。毅然看了，觉得除个别作品，其他和自己所见略同，便也就放了心；有争议的那件作品，画得不错，主题却比较晦暗。他想，还是和自己的父亲商量一下为好。因为他父亲不仅是汉语言文学专业出身，还在文学艺术界联合会与电视台工作了二十多年，加以本人是个作家，对文艺各门类如美术、书法、影视等都有濡染，毅然想听听他的意见。

毅然父亲饶有兴致地看了所有参赛作品，表示基本肯定，并且认为获一等奖那幅作品堪称上乘之作；而有争议的那幅作品，似乎也应该给些存活的可能性和空间，条件是联系作者，让对方对结尾情节做些修改，给美好一点良知，给良知一点空间，给人们一些方向感。如果对方同意修改，不仅那幅作品活了下来，而且整个事情本身正好也成为他作品中主题的现实版本。毅然听了，觉得很有道理，便按照评判规则，让那部作品获得了三等奖。

"新媒社"首届"漫画大赛"颁奖仪式如期举行。学院副院长孙永江老师、系主任张松健博士欣然出席。因为学校有关部门没有同意，所以大赛最后没有挂牌冠杯。段旭最担心的是获奖者的奖金。毅然笑着交给他一叠信封。他打开看了一下，里面装着崭新的人民币，不觉心花怒放。仪式进行得比较顺利，只有一个二等奖获得者因为家里有事请假,没来颁奖现场。获一、二、三等奖的同学,既拿到了获奖证书和奖金,又意外地多领了一份奖品;而获得优秀作品奖的十位同学,则领到了获奖证书和一张奶茶券。

颁奖之后,孙永江副院长发表了热情洋溢的讲话,高度评价了"新媒社""漫画大赛",希望"新媒社"不要满足于在中理大学管理学院举行,而要敢于面向全校,甚至走向外校,让"新媒社"的牌子走出校园,在周边八所高校中"靓"起来!

大家听了,不免有些热血沸腾。毅然更是借着孙永江老师所说的思路,在脑海里迅速形成了一个新的漫画大赛的方案,第二届要搞一个多所高校大学生参加的"三联星"漫画大赛,并且要联系周边至少三所大学的学生参赛,摸索出在高校搞大联赛的经验。

颁奖仪式结束后,毅然留下社团骨干,给他们开了一个短会,将自己的想法向他们先透露了一下。他们听了后,也都心潮澎湃,纷纷表示以后漫画大赛每年不只在春夏季举行,秋冬季也可以举行,这样一来,一年便可以举行两届了。

"瞎激动什么?"乔林说,"作为副社长,我有义务提醒各位,每年两届的想法,还是悠着点好。我请问各位,办赛的钱从哪里来?这首届大赛办的,实际上不过是赔本赚吆喝罢了!"

淳于春罕见地与乔林达成一致:"我同意乔林副社长的意见。我们这个'首届',没有办出任何经济效应,基本属于白忙活。"

毅然觉得,应该扶正会议场上的情绪倾向,正确评价"新媒社"的首届"漫画大赛"。

"不。我们不是白忙。"他说,"现在是'注意力经济'时代,既然已经赚了吆喝,便没赔本。"

段旭、淳于春和乔林见毅然说得严肃,便认真听他阐释。

"大家组织这届大赛,确实辛苦,忙了两个多月。但我们不是'白忙'。"毅然说,"不错,管理学的基本原则是'注重经济性';但这里的'经济性'既不是单纯的要赚钱,也不是单纯要省钱,而是说凡事需要考虑性价比。那么我们就可以来梳理一下,看看大家赚到了什么。通过办赛,第一,我们收获了一批优秀的漫画作品,这些作品的发布传播权在我们社团,这可是实实在在的收获;社团公众号的陆续推送,在线上传播后可以让'新媒社'持续扩大影响;第二,通过办赛,大家的组织和管理能力得到了很大锻炼和提高,这也是活动搭建平台收获的效益;第三,我们'新媒社'的活动丰富了中理大学的校园文化生活,让师生们在记忆里留下了一页……这些,都是有价值、有意义的,为此我们付出的经济成本也在可控范围内,所以怎么能是'白忙'呢?"

大家见指导老师毅然说得认真而又郑重,也都觉得乔林和淳于春对首届赛事的看法和评价都偏于消极,眼睛里又重新现出振奋的光。

散会后,段旭和毅然走在最后,他有些担心地问:"老师,咱们这届给参赛选手颁发的奖金,是您给拉的赞助。以后怎么办?"

"车到山前必有路。"毅然笑着说,"办法总是人想出来的。"

只是,他没有告诉段旭,给参赛获一、二、三等奖的选手发的奖金,是他为了救急,从自己的钱包里拿出来的。在他看来那很值得。

---————— TIPS："注重经济性"的基本原则 ———————

"注重经济性"是管理实践中需要注意的基本原则之一。其主要思想是在进行管理活动的过程中要注意控制成本，不能为一些看似重要的工作无限制地投入资源，导致入不敷出。这里的控制成本既可以理解为节约，又可以理解为赚钱开源。但需要注意的是，"注重经济性"的思想核心不在字面上的"经济"二字，而是指追求收入支出的平衡，因此也允许为一些战略行为加大投入的力度，只要不是无度即可。

09　凡事要有个"谱"

——"制定目标"的方法

这一天，毅然下课后正准备离开教室，发现乔林在教室门口等着他。

虽然乔林竞选班长失败，但他的能力是不可否认的。乔林之后曾和毅然说起，他已报名并成功进入校学生会的外联部，那里有很多优秀的同学。外联部的活动偏向对外拓展，非常锻炼交流沟通能力。班长竞选时的不顺利给乔林留下了心理阴影，报名加入学生会时，他刻意选择了外联部，就是想要挑战和锻炼一下自己的对外交流与沟通能力。

"乔林，有事吗？"毅然问，"这是特地来找我的？"

乔林相貌身高都很出挑，据说学院有很多女生心仪他。应该说，他的良好外形为他进行对外联络提供了不少便利。

"是的，老师。我有事拜托您。"乔林说，"这两天'童乐'饮料公司在学校举办营销大赛，我找了几个同学，想一起组队参加。老师您不是一直说学管理要多实践嘛。而且'童乐'是国内饮料行业有名的大公司，组织的比赛一定很正规，也会很有挑战性。问题是我们现在缺一位指导老师，所以想拜托您。"

乔林仿佛永远不知道疲倦一样，总是在想办法做些什么，这是毅然心里非常赞赏他的地方；况且，毅然很欣慰乔林已经放下班长败选的事情，并且找到了锻炼自己的突破口，也想助推他提高对外交流与沟通能力。

"对，学管理就是要不断实践，这样才能多领悟书上的知识点。"毅然说，"这是好事，我支持你。有什么需要我做的，随时联系我就行。"

"谢谢老师，那就这么说定啦！"乔林很高兴毅然答应了他，说道，"等我们研究清楚比赛规则，就马上开工。"

第二天，毅然接到了乔林的电话。他大致描述了一下"童乐"饮料营销大赛的规则。比赛分成两部分：第一部分比文本，由学生对"童乐"饮料公司的品牌定位、营销策略、产品类别、外包装等方面进行调研和分析，运用管理学知识进行研究后给出观点或建议，总结成文本提交大赛评委会审议；第二部分是实战比赛，要求学生结合自己研究得到的结论或建议用几种"童乐"饮料进行实际销售。实际销售主要考验学生的实践能力，销售过程规则不多，更看重的是结果，也就是看谁卖得多。最后两部分的总分加在一起即为学生团队的总分，以此判定名次。

听到这里，毅然隐约感觉第二部分的比赛规则有些违背教育的初衷。虽然实践对于学习管理学有重要作用，但由于同学们即使花心思研究并给出科学合理的品牌定位、产品包装等方面的建议，也不能改变"童乐"公司的现状和决策，所以实际上比赛的实践部分与理论部分联系并不紧密。不过"童乐"是大企业，举办比赛的范围覆盖全国，可以说是各地高校大比拼，能够在里面脱颖而出这件事本身就对大一新生有足够的吸引力，所以每年比赛参与者甚众。

毅然让乔林立即赶到"小西湖"边来。师生俩在湖畔长椅上坐下后，毅然告诉乔林，他先要带领团队对"童乐"这家企业做个调查。毅然特别强调，企业调查不要单纯从局部入手，比如只看有什么产品；也不能停留在表面，比如单纯查阅一下企业的百度百科就宣告结束。调查时要坚持从整体对"童乐"做了解，除了百度百科、媒体新闻，还要把"童乐"的官方网站翻个遍。因为大企业的官方网站一般会分门别类地存放和展示企业的信息。网站上的各个链接标签多是基于管理学理论框架设置的，对于大家熟悉管理学的不同领域，磨炼系统性思维都很有益处。

乔林听完毅然的讲解，知道自己的前期准备特别是计划还很不足。

"凡事要有个计划。"毅然说，"你把团队骨干召集起来，用'头脑风暴'方式，把计划做起来，报给我看看。"

乔林答应一声，就去招呼他那些小伙伴去了。看着乔林急于求成的样子，毅然知道他是第一次带人打比赛，尽管对他也有些期待，却不知道过程中又会有怎样的经历。

过了两天，乔林把名为《"童乐"集团有限公司调查报告 by 糖豆闪电小分队》的文件传给毅然。看到"糖豆闪电"四个字，饶是毅然觉得自己年纪不算大，也不禁笑了起来，这些年轻人的想象真是发散。

但打开文件后，毅然却傻眼了，一个 Word 文件就三页，前面是百度百科的复制粘贴，后面是"童乐"官网的截图配上部分说明文字。毅然看着报告文件，一时不知该说些什么。看来教师上岗培训中的《教育学》部分说的没错：教育，是一个长期的过程。

"大一新生，"毅然自我安慰道，"还是不能对他们的能力和成果期待太多啊。"

于是他又打了一个电话给乔林，再次强调企业调查系统性的重要。特别是已经存在的"童乐"公司，如果调查不彻底，很容易以偏概全。虽然调查会花去一些时间，但是这些时间其实很重要。一方面调查"童乐"对同学们了解社会现实、管理实践有好处；另一方面，大赛的评委们部分来自"童乐"，对这个公司调查得越是详细，对方越会觉得我们下的功夫足，做出的研究符合实际情况。

乔林在电话那头听毅然说了许久，意识到企业调查是一项系统工程。他在电话里表示，回头一定跟他的队员好好说说，并感谢了老师。

"老师不好意思，"他有些愧疚地说，"可能因为大家第一次做，是好是坏没有概念。"

毅然表示理解，但同时有些隐隐担心，因为他感觉到队员们的思维习惯和行为方式依然停留在完成任务，更像是在做作业，而不是为了自己想做的事情尽力付出，不过毅然没有提起这个话题。"再观察观察吧"，他想。

转眼半个月过去，这期间在小分队微信群里，乔林不时发布任务，与队员交流情况。看到大家都在努力，毅然也挺高兴，只是一直没有拿到修改后的文本，让他有些意外。但毅然忍着没有说话，不然就无法锻炼乔林的组织管理能力，真的变成老师在布置作业了。

可是距离提交文本只剩十天，乔林却一直没有找毅然。毅然开始担心，便发了个微信信息过去，询问文本的进度。乔林在微信里回复道:"老师,文本我们在写,再过两天就能给您看。"

毅然便没再提其他要求。

谁知三天后,乔林依然没有动静,距离提交文本只差一周了,毅然再也按捺不住,打了个电话给乔林:"文本进展如何了?为什么一直没有联系我?照理说写作途中也可以给我看看。这样我们可以修改得更加从容,交流可以让你们有所提高,也能提升文本质量。"

电话那头传来乔林的声音:"好的老师,我去问问他们写到什么程度了。"

电话挂掉后没有多久,乔林又打来电话,说话变得支支吾吾:"老师不好意思,他们向我保证今天能交稿的,但是好像都还没写完。我去说说他们。"

毅然心知不妙,赶紧说道:"等等,我们开个会,当面聊一下进度。时间不多了,这样转达效率会比较低。"

他特别嘱咐乔林,晚自习后把小队成员留下,自己也打算到场看看情况。

晚自习后,"糖豆闪电"小分队的队员们都留了下来,分别是乔林、万晓飞、曹德坤、周应天和朱小祎。乔林看了看毅然,毅然示意可以开始了,但是没有上台。乔林明白毅然是想让他主持,于是自己走上讲台。现在的他已经在校学生会外联部门锻炼了一段时间,上台说话驾轻就熟,一点也不紧张,更何况台下都是自己的队友。

"离提交文本只剩一周时间了,大家写得怎么样了?"乔林说明了开会的意图。"今天老师也在,大家遇到什么困难都可以说出来,有问题想问老师也可以。"

队里的同学看到老师在场,有些拘束。周应天是一如既往的不说话,万晓飞和曹德坤眼神躲躲闪闪,反而让人一眼看穿了。倒是朱小祎率先发言:"乔林,我一周前就已经写好自己那部分交给你了呀。你也没给我个反馈。"

"呃……我是想等收齐大家的文稿再给老师审阅嘛,就一个章节孤零零的,没有上下文也不好看呀。"这下轮到乔林躲躲闪闪了,他继而转向旁边的人,"万晓飞、曹德坤!你俩什么情况,每次都在群里说'好好好,马上就写完了',怎么一直不交给我,你们到底写得怎么样了?"

曹德坤个子不高,黑胖黑胖的,经常和万晓飞混在一起。大家常常看到万晓飞捏着曹德坤肚子上的赘肉说:"德坤啊,人如其名呀,'地势坤,君子以厚德载物',这肚子能载不少吧。"然后就被曹德坤用右手勒住脖子,大声讨饶。

这时曹德坤看到乔林直勾勾地望向自己,眼神有点吓人,脸上的肥肉颤抖了一下,赶紧说道:"写了有90%了,今天晚上就交给你。你去找万晓飞,他连一半都没写到。"

听到曹德坤瞬间出卖了自己,万晓飞刚想一把掐住曹德坤的脖子,突然想到老师也在场,赶紧坐正了说道:"曹德坤懂个啥,那是我前两天的进度了,我已经写到95%了,我也今晚就能交给你。"虽然换来乔林一脸的怀疑神色,但万晓飞决定挺住,总之今晚交了就行了呗。

毅然看到这对活宝,不禁气笑了,说道:"你们也别怪乔林,时间越来越紧了,他有些焦虑也是正常的。大家是需要抓紧一些。如果这两天就能给我看看的话,那么还有一周时间可以修改。"

接着,毅然又具体讲解了一些写研究报告的技巧,并回答了同学们的问题。

散会后,乔林来到毅然面前说:"老师,不好意思,我是想努力做好这件事情的。但是不知道为什么队员不太上心。他们明明报名的时候都挺积极的。"

说这个话的时候,乔林脸上满是不解和苦恼。

毅然想了想,这些问题他在公司带团队的时候也遇到过,不是乔林选的人不行,而是一个普遍性的管理问题。他安慰乔林道:"你别灰心。我们说打比赛组团队是管理实践,就在于你会遇到这些问题。当你开始运用管理学理论解决现实问题时,你就会对管理知识理解得更加深刻了。"

"那现在该怎么办呢?"乔林依然有些沉浸在沮丧的情绪中。"即使今天交上了,如果他们之后再拖,时间就来不及了。只有一周了。"

"所以我们就用一个管理学的理论试试吧。"毅然给乔林出主意说,"你还记得《管理学原理》课上讲的 SMART 目标设定原则吗?按你们的教学进度应该已经上过了,我们要给团队设定目标,设定的目标要具体、可以测算计量,还要是团队成员能够实现的目标,并设定时间期限。等你把文稿收齐了,我明天提出修改意见,你再发给他们的时候,注意给每个人提一个交稿期限。比如三天修改时间,这样进展顺利的话我们还可以改两轮。"

"好的老师,我也明白了。"乔林听了毅然的话,渐渐平复了心情,他并不是怨天尤人、彷徨无措的性格。"正是遇到了困难,我才有机会成长。正像那次班长竞选一样，现在的我演讲已经不会再紧张了。"

当天晚上，毅然看到了乔林收集的所有人写好的文稿，毅然花了一天时间仔细审了一遍，提出了不少修改意见，再返还给乔林；然后就像他们说好的那样，乔林在群里给所有人发布任务，并且他根据每个人负责的文本量和具体情况制定了不同的提交期限。毅然很高兴乔林能够活学活用他说的知识点。

当然，实际情况的发展永远会和计划有出入。这次提交修改稿，朱小祎和周应天依然守住了期限，而万晓飞和曹德坤还是拖过了时间。这两人在群里万般道歉，赌咒发誓以后一定做个守住时限的队友，乔林也趁势批评了他们两句。但他们不知道的是，乔林早就料到他俩短时间内改不了拖延症，所以分布任务时把核心部分交给了朱小祎和周应天。

不过，纵使乔林千算万算，第二轮修改还是差点没守住提交期限。文稿提交当天，乔林为了确保不出差错，把"糖豆闪电"小分队的成员们聚集在教室里一起改文稿。比赛规定是下午三点提交，眼看到了两点五十分，乔林赶紧跑到比赛组委会办公室拉着老师有一句没一句地聊。用乔林自己的话讲，他是充分发挥了"糖豆"的力量。而他的队友们改到最后一刻，"闪电"般地将文稿打印好带到办公室，在三点过了一点点的时候交上了。组委会老师看到满头大汗跑来交稿的万晓飞和曹德坤，笑了一笑，也没有和他们计较。

走出办公室后，乔林有一种如释重负又恍如隔世的感觉。忙活了将近一个月，文案比赛部分总算是结束了，其间经历了这么多，回头来看结果也不算太坏。至于他们的文案质量如何，之前听毅然老师说是整体还行，但是细节部分来不及打磨了。能拿到多少分，乔林已经不去想了，就交给评委老师们吧。

"我这队名起得怎么样？"成功提交了文稿，曹德坤一蹦一跳地在走廊里喊道。"我就说我是'闪电'！"

"就你这体型还好意思说自己是'闪电'？你当'糖豆'都便宜你了。"万晓飞边喊边勒住曹德坤的脖子，却被熏得赶紧放开。"呕……这么臭，你几天没洗澡了！"

"走了走了，叫上朱小祎和周应天，晚上出去吃一顿庆祝庆祝。"乔林看着这俩"干啥啥不行，闹腾第一名"的活宝队友哈哈一笑道。他顿了一下，突然觉得，于他而言，这次比赛其实已经算是成功了。

"不知道销售实践比赛又会是什么样子。"乔林边想着边和旁边两人勾肩搭背着走出了行政楼。"不过，我一定能做得更好！不然，真是对不起毅然老师了。"

---------------- TIPS：SMART 目标设定原则 2 ----------------

运用 SMART 原则时，需要设置具体的（Specific）、可衡量的（Measurable）、有时限（Time-bound）的目标。虽然时限可以很大程度上降低成员的惰性，但并不能保证所有团队成员都按时完成。因此，在管理实践中，人们经常会为自己多留一点时限。原本可以给组员 10 天提交工作成果却要求 1 周内提交，多出的 3 天可以视为应付突发情况的预留时间，以此降低项目风险。但需要注意的是，这样设定目标同时要求时限是能实现的（Attainable），并且是和最终目标相关联的（Relevant），不应恶意缩短任务时限，否则会引发团队的不满。

10 成长的烦恼

——"以人为本"的基本原则

"新媒社"成立一段时间后，毅然得到一个让淳于春一展才华的机会——钱塘大学的一个横向科研课题需要做新媒体传播推广。项目是毅然的父亲主持的，他便毫不犹豫地推荐了"新媒社"的副社长，让淳于春担任一个围垦题材的漫画主创。

那个横向课题要做的新媒体视觉传播，是在手机上用一组漫画来推送围垦江涂的历史故事。故事由毅然提供资料和创意，辅以一部分历史背景照片，交由社团文创部门构思情节，再由淳于春领导的部门进行分镜和漫画创作。不久，淳于春便向毅然提交了有质量的分镜草图，得到了他的首肯。后期成图制作，毅然没有再深度介入。但淳于春也没有辜负指导老师的期望，按时提交了完成稿，并通过了毅然父亲项目组那边的验收。

由于这次漫画推送有课题经费支撑，所以淳于春自然获得了相应报酬。毅然将绘画费用如数转交淳于春，并高兴地对他说："干得不错，以后说不定会有新的项目找你。"

当天晚上，淳于春的微信朋友圈便出现了几行文字："嘿嘿，昨天交付作品给甲方，今天就有了一大笔收入。人生的第一笔稿费，真棒！"

毅然觉得，淳于春不过是通过微信朋友圈，展示劳动付出获得收益的骄傲感罢了，自有其可爱之处，便没有放在心上。他进一步向社长段旭提议，让淳于春在社团发挥更大作用，用培训方式让新入社成员夯实绘画基本功，由淳于春在培训班主讲。淳于春更加自豪，结合项目成果在培训班上传授创意绘画经验，很受社员欢迎。正当毅然为社团的欣欣向荣感到欣慰时，却忽然出现了意外状况。

"新媒社"的部门构成和工作流程是这样的：社团下设管理部负责统筹社务，文创部负责输出创意文本，绘画部负责漫画制作，外展部负责传播推广，由正副社长和几个部门部长组成编委会，制订工作计划，交分管社长下达各部门任务，并督促完成。这本来没有什么问题，但部门之间需要配合，而配合需要协调。协调工作一般由副社长与社长出面。作为指导老师，毅然给自己的工作定位是，当分管社长对相关问题协调不了时，则由他出面调停乃至仲裁。

但是，毅然没有想到，这样的管理机制竟然卡在了淳于春那里。

起因并不复杂。社长段旭分管文创部，由文创部每周末出故事文本，编委会讨论通过后交由绘画部制作。编委会开会讨论文本时，貌似一切顺利。但交给绘画部后，却迟迟得不到实施。管理部部长拿不到作品，面临公众号开天窗的压力，自然不满，便去找分管副社长淳于春，因为他兼着绘画部部长。不料问题非但没有得到解决，反而被淳于春引导去社团群里看吐槽。一看不打紧，全是负面言论，大意是什么破玩意儿文本，还好意思拿出来让人画，不嫌丢人之类的。

管理部部长便找文创部部长，说他们的故事文本质量不高，已被绘画部吐槽贬弃，致使他们管理部有了公众号发布档期轮空的风险。文创部部长是个女生，叫童怡，一看社群言论，气便不打一处来，随即去找副社长兼绘画部部长淳于春理论，问他为什么不与自己沟通，反而在群里发布不实言论，故意出文创部的丑。

淳于春说："不实言论？我是实事求是。你们那个破故事，没有任何绘画价值。"

"没有任何绘画价值？是你说了算还是编委会说了算？"童怡说，"有本事你们自己写出故事来啊。"

"我们写就我们写。"淳于春说，"为了不被你们部门侮辱智商，谁还不能把自己逼出一身才气啊？"

"真有那一身才气，早干什么了？"童怡说，"是谁在前面几期制作时，直夸文创部故事好的？"

文创部部长童怡的话，一下子捅到了淳于春的心病。原来，毅然提议段旭考虑让淳于春做副社长，是得到段旭的同意的。他之所以认可，自然一是因为淳于春绘画能力强，二是因为提议者是班主任兼社团的指导老师。但事实上，无论毅然还是段旭，对淳于春的为人处世风格都还不太了解；而淳于春愿意屈尊副社长位置，却不是出于对段旭能力的服膺，而是对文创部部长童怡另有心思。据事后复盘的情形表明，他是喜欢文创部部长童怡，才勉强留在"新媒社"的。

所以，按部门组织架构和工作流程开始工作的那几周，"新媒社"运转一切正常。那时候，童怡回忆起来，淳于春不止一次在编委会肯定文创部的故事质量，其实意在向她暗送秋波。但淳于春没有料到的是，童怡原本就是社长段旭的女友。当有人把这个重磅信息告诉淳于春时，他如遭雷击，傻在原地，半天说不出话来。他觉得社团里的成员也许早就知道真相，却故意不予点明，是想看他出洋相。

由于越想越不对劲，他甚至觉得社长段旭也是知情的。说不定段旭看他点赞文创部的故事创意，还暗自窃笑他呢。想到这里，他豁然开朗，并且明确了自己回击的方法。具体来说，就是他让绘画部成员在社群里发了几条吐槽信息后，命令部门全体躺平，不干了。

所以，在文创部部长童怡提起淳于春曾对以前那几期创意故事肯定的过往后，他禁不住有些恼羞成怒。"我直夸文创部故事好？"他说，"那是反话正说好吗？听不懂吗？也是，能听懂的智商，绝不会写出那些烂故事的。"

"为什么要反话正说？"童怡被气得一下子涌出了眼泪，"为什么要这样阴阳怪气？"

"为什么？为了你呗。"淳于春见他反击的话有了效果，反而高兴起来，说道，"我是故意气你的。你跟着段旭干有什么前途？我现在已经从校外接单了，正忙着大件活儿，特别需要人手。要不我们俩一起辞了'新媒社'吧，你跟着我干，我绝不会亏待你，既有钱赚，又有前途。"

"你让我跟你干，"童怡的情绪稳定下来，看透了淳于春的心思，便将事情挑明了说，"那不就是说，我们的创意故事并非不好，而是你故意撂挑子不干的？"

"是的。"淳于春承认，"说你智商不高也是故意气你的。主要是为你着急啊。"

童怡转身走了。淳于春望着她越来越远的背影，将他的真诚邀请用很高的分贝送过去:"辞不辞'新媒社',我等你回音啊。"

文创部部长童怡找到社长段旭,向他说了淳于春的想法和说法,表示她们部门的工作卡在绘画部那里,没法干了。段旭听童怡诉完委屈,安慰了她,随后去找淳于春沟通。

没想到,淳于春对段旭很冷淡,告诉他,"新媒社"没给部门成员开薪资,他便没办法对他们下干活的命令。段旭表示,大学生社团不是经济实体,只是兴趣聚合的学生社团,挣钱不是目的和任务;但社团也是社会组织的模拟雏形,应该遵守规章,希望他做做绘画部成员的思想工作,尽快出作品;同时要求部门之间不要在群里互相攻击,并没提到淳于春打算辞职的话题。

淳于春说:"咱俩谈话,你就别唱高调了。让我们画那样的文创故事,影响社团形象。"

段旭听出淳于春有情绪,但他并不想让社长之间的沟通太情绪化,便说:"文本创意有不足,应该在编委会层面讨论来解决。既然编委会通过了,就应该按契约精神办事,部门还是要落实才好。"

"什么契约精神?"淳于春说,"有失水准的文创,应当排除在契约之外。老实说,我们绘画部全体成员早就对'新媒社'不满意,打算集体辞职了。"

辞职的话题既然被淳于春直接挑明,但段旭觉得有必要进行挽留:"我这个做社长的工作可能有些不足之处,给你们带来了不愉快。我愿意听你说说有哪些'不满意'的地方,我会尽量改进。真心希望你不要辞职,更不要集体辞职。"

"不满意的地方多了去了。"淳于春虚张声势地说,"最大的不满意思是我们在你这里，干死干活，都是白干。"

"怎么是白干？"段旭说，"我们的公众号在学院不是有很好的口碑吗？我们社成员的新媒体创意、制作传播能力，不是得到了很好的锻炼吗？我们大家彼此之间，不是收获了很好的友情吗？"

不提"收获了很好的友情"还好，一提这个话题，淳于春更加听不下去。他将手一挥说："别再唱高调好不好？你听不懂人话吗？白干，就是天天干活儿一点收入没有；什么'收获了很好的友情'，我看是个别人有收获，其他人干瞪眼吧。"

段旭听了淳于春的话，脑海中刹那间一片空白，仿佛世界一下子安静下来；不是电脑死机状态的那种空白和安静，而是听懂内容后瞬间明白了一切的那种感受。

"既然你是这样认识问题的，"他说，"那我也没什么好说的，要向毅然老师汇报后，再作决定。"

段旭找到指导老师毅然，向他汇报了副社长想带部门全体成员辞职的事情。毅然听了，有点不敢相信自己的耳朵。厘清了事态的来龙去脉后，他有些后悔当初将父亲主持的那个横向课题项目切块给淳于春创作漫画，并付给了他那么高的报酬；很可能淳于春是因为那个项目的经济收益，感觉自己有了分量，才不再满足于在大学生社团里做副职，不甘心做没有钱赚的工作。毅然安慰了段旭，表示他会找淳于春谈谈，让事态缓和下来。

段旭黯然地说："好的，老师。"

"你对我好像不太有信心？"毅然看着段旭说。

"您可以试试看。"段旭说，"是我对淳于春没有什么信心。"

毅然后来找到淳于春，郑重地和他作了谈话。他先是对淳于春在社群里让成员随意发布负面言论提出批评，因为那不是正确和正常的工作沟通方法；而后他对淳于春打算鼓动部门成员集体辞职表示不认可，因为那会让整个社团工作陷入停滞乃至瘫痪状态，严格来说属于不义、不道的行为；最后，他苦口婆心地劝淳于春在"新媒社"继续工作下去，因为大学期间相聚是缘，应当珍惜才是，闹得不欢而散，将来对谁都不是美好回忆。

但是，正像段旭估计的那样，毅然的话淳于春根本听不进去。他振振有词地进行了抗辩。毅然听了，觉得大多站不住脚。如果说淳于春说的话在字面上并不在理，毅然觉得也不是：他说的话仿佛句句在理，而且占据着道德制高点。但那些被他用道德制高点的话包装起来的行为，却让毅然难以首肯。

比如，淳于春说段旭身为社长，是不可以利用职务之便，在社团里随意交女朋友的，因为那会让分配任务时的公允性受到干扰；而事实却是，段旭在出任"新媒社"社长职务之前，已经和文创部的童怡建立起了异性朋友关系。比如，淳于春认为毅然身为指导教师，是不可以随意偏袒社团里产生纠纷的任何一方的，因为有失公平的裁决会让争执双方失去最终的公正；而事实却是，在毅然调停和裁决绘画部和文创部的争执之前，淳于春已经做了非常不妥当的事情，且又拒绝老师对他的及时纠正和批评。

"段旭也好，我也好，不是你所说的那样'随意'。"毅然严肃地说，"同时你得记住，不妥当的事情就是不妥当。该纠正的，我一定会纠正；该批评的，我也一定会批评。"

"做人、做事留一线！"淳于春言辞激烈地喊道，"您身为老师，不要逼人太甚。要不是您以前对我不错，我是不会给您留面子的！"

谈话最终没有产生应有的积极效果，淳于春第二天还是在社团群里留言辞了职，并拉走了绘画部一个画手。

毅然很伤心，甚至一想起来便会有些郁闷；好几天，竟然有了"才下眉头却上心头"的感觉。因为他有些想不明白，淳于春是从哪里学到并且熟练运用那套有些奇葩的思维方式的，即工作中产生了矛盾或遇到问题时，他从来都认为是别人的错，从来不反躬自省，查找一下自身可能存在的问题，反而用更多冠冕堂皇的理由或理念把自己包装得更加理直气壮，从而让本来并不占理的自己显得很悲壮，貌似已经受尽天下所有的委屈、占尽天下所有的道理，并拒绝所有的正确批评和善意帮助，甚至视批评和帮助为恶意乃至敌意。

如果以后带着这种思维方式走向社会，他又该如何立足？如何成事？毅然想到这里，不禁为淳于春感到痛心。虽然他不是自己系的学生，但是毅然想，以后有机会还是要和他深入地谈一谈。

之后毅然及时让段旭为绘画部选配了新部长，以让淳于春离职后的负面影响变得不那么明显。但是，据段旭后来对毅然的诉说，实际情况并不像看起来那么平顺。因为这位绘画部新部长，正是原来淳于春打算带走未遂的另一个画手。他虽然临时变卦没跟着淳于春一同离开"新媒社"，但出于对淳于春专业能力的膜拜和老关系的顾忌，继任绘画部部长后，依然继续和淳于春保持着联系，并让自己基本上处于蛰伏状态，不再有所作为了。

令段旭雪上加霜的是，文创部部长童怡忽然像"人间蒸发"一样,也不再与段旭联系。段旭猜测,可能因为淳于春那些言论和做派形成的干扰,童怡才很长一段时间不再与他联系。有人私下透露,童怡可能因为不想让自己与段旭的关系牵制他的工作,才干脆"神隐"起来的。

段旭的工作情绪陷入了低谷。"新媒社"一时变得也有些萧条,不仅培训活动中止了,公众号推送也有一档没一档,更新变得不规律起来。外展部拉粉的业绩更是出现了断崖式跌落。"新媒社"办公室对各部门进行考评时,发现社员脸上愁云密布,汇报绩效都张不开嘴了。

毅然决定帮社长段旭尽快走出低谷,重振社团雄风。他开始思考如何不让社团受个人因素牵制,再出现如此掣肘的不利局面。经过仔细思考后,他认为从管理学角度来说,绘画部是整个社团工作机制的枢纽部位;如果绘画制作这个环节梳理顺了,整个社团便可以纲举目张,顺畅地运转了。

一周之后,毅然形成了一个不错的创意方案,将段旭叫到办公室,建议他在社团中成立一个"演漫部"。

"'演漫部'?"段旭很好奇,问道,"什么叫'演漫'?"

毅然笑道:"所谓'演漫',概念是我自创的,叫首创也可以;'演漫'就是'演出漫画'的简称。"

"漫画还能演出吗?"段旭更加好奇了。

"当然能。"毅然肯定地说,"用演员演出故事剧情,由摄影师现场拍照,记录下相关情节过程,再把照片PS一番,进行后期特技处理,做成漫画效果成图,这样就能进行画面叙事了。简单说,就是用演员演出剧情的方式进行漫画的转换创作。"

10　成长的烦恼

段旭听明白了，当即叫好："这样的创意太棒了！只要有文本创作，有演员出演，有 PS 软件支撑绘画效果的制作，再通过公众号发布，一整套新媒体制作与传播流程便完整化了！"

毅然对段旭迅速理解了他的创意意图，并且对工作流程作了准确而完整的解读，表示满意。他对段旭之所以满意，是因为他的理解力与执行力均很强劲。他告诉段旭，如果他能认可，"新媒社"以后便不会受部分画师的个人因素制约，整个社团也有了新媒体传播可持续发展的优势了；而毅然的父亲恰好是个作家，向他提供了一部原创短剧，叫《三个人的奶茶店》，授权"新媒社"制作成"演漫"内容，在他们社团的公众号上传播。

段旭听后，信心大增，立即召开编委会，商议成立新部门"演漫部"。由于淳于春离职，决议很快达成。虽然童怡不在场，让段旭略感失落，但文创部副部长参会，也投了赞成票。

"演漫"既是新概念，又是新事物，"新媒社"成员都很兴奋，不少人踊跃报名。由于有高质量的剧本支撑，加上演出门槛并不高，社长段旭带头串演角色，同学们参与的热情更加高涨。"演漫部"两个星期便把剧情拍完。尽管绘画部消极对待，但也没有挡住首部"演漫"作品《三个人的奶茶店》的很快完成。毅然让段旭前期做了些预热宣传，使作品推出后很快受到关注。

中理大学人文学院的纸媒杂志《望月潮》对新媒体形式一向关注，在看到预热宣传后，主动联系"新媒社"，表示愿意用三期杂志的封三来推送《三个人的奶茶店》的全部内容，并配发对毅然创意的专访。淳于春虽然退社了，却没退群，深夜在群里说："还真是有创意啊，赞！"这让毅然觉得，他还是关心或关注"新媒社"的，因此以后也就有了和他交流与沟通的基础。

"演漫"的制作形式令人耳目一新。"演漫部"陆续拍摄制作了更多"演漫"作品,"新媒社"公众号的推送又开始定期更新了,这让外展部心花怒放,因为圈粉、拉粉工作也有了起色。适逢此时,文创部部长童怡也重新出现在"新媒社"。原来她的"神隐",是因为家里有事,向学院请了半个月的事假,回老家去了。社长段旭的情绪顿时舒展和畅起来。

不久之后,中理大学学生会社团联合会对各学生社团进行评优。焕发了工作热情的社长段旭组织了大量活动来宣传"新媒社",推广"演漫"作品,这让学院社团联合会对"新媒社"刮目相看,认为以段旭为社长的社团展现出了当代大学生的创意、朝气与活力,遂授予"新媒社"以中理大学"最具人气社团"的称号。

走出低谷的"新媒社"在学院不断招揽人才,因"最具人气社团"奖的金字招牌一举招到了60名新社员,从而让"新媒社"成了中理大学最大的学生社团。毅然看着段旭呈报给他的新社员花名册,欣慰地笑了。他知道,经历过并且战胜了坎坷波折的段旭和"新媒社",已经成长起来了。

---------- TIPS:"以人为本"的基本原则 ----------

管理学中"以人为本"的理念是全方位的。因为经营管理活动基本由人进行,但人不是机器,有其自身的情绪和情感。如果在工作中无视组织成员的情绪情感,思考工作只从逻辑、数字、制度出发,最终很有可能遭遇挫折或失败。比如管理需要制度,但制度由于具有强制性,并且很难甄别个人的具体情况,容易导致实行时不近情理。越是量化管理方法日益发展的今天,"以人为本"的管理理念越发显得重要和珍贵。

11 是门面就要修饰

——"业务信息展示"技巧

毅然课后走出教室,老远便看到兴冲冲跑过来的乔林。他一脸喜气,一看就知道是遇到好事了。乔林跑到毅然跟前,弯腰拄膝,气喘吁吁说道:"老师,我们那个'童乐'营销比赛的文本分数很高,下面就是销售实践环节了,如果能做好,我们队有望拿奖!"

毅然听了也很高兴。当时乔林吃的苦,毅然还历历在目。看来这些付出终于有了回报。

"很好!再接再厉。"毅然鼓励乔林道,"销售实践环节我们也不会差,在这方面你是有优势的。"

事实也是如此,乔林在校学生会外联部和"新媒社"经历了几个月的锻炼,对外联络方面越发轻车熟路。生活区外一排的超市、小吃店、奶茶店,现在都知道乔林的存在。乔林和同学去买吃食,小店老板和他聊两句,大家笑笑,往往东西还能便宜点。这也是乔林在同学们心中能力强、有人脉、会拓展的形象的又一来源,借此乔林也比一般学生要认识更多的同龄人。所以毅然对销售实践环节还有些信心,相比一些只知道埋头文案的学生,乔林的实践能力足够强。

"老师您就等我们的好消息吧！"乔林自信满满地说。

那段时间，乔林已经掌握了不少管理方法，不再是刚开始那个只知道一根筋往前冲的外行队长。他向毅然展示了自己的销售计划和分工，看样子已经把"糖豆闪电"小分队接下来两周的销售工作安排得明明白白。

虽然市场是风云变幻的，竞争对手是不可预测的，但是有这么一回经历，相信乔林对管理学知识会有更深的体悟。至于销售工作的不确定性，毅然觉得现在也不必太过强调，毕竟这次销售实践是在校园，环境比较单一，其实更倾向于是一种模拟。

只是没想到，现实的不确定性依然超出了毅然的预计。两周之后，当毅然再次见到乔林时，他有些垂头丧气。

"怎么了？"毅然问，"销售不顺利吗？"

乔林一副苦瓜脸，又有些不甘，斟酌了一番开口道："销售倒是按照计划在进行，我们已经很尽力了。但是我听说有的队伍，队员家里是开公司的，直接买了很多箱，打算作为公司年货发放。这个数量级不是我们几个学生拼命卖给同学、小店就能超过的。"

毅然心里微微叹息，果然还是像他想的那样，比赛出现了一些学校层面之外的扰动因素。但是他也解决不了这个问题，于是安慰乔林："你也别太在意，很多事情就是这样。特别是管理领域，有时比起组织内部的管理问题，外界环境可能会产生更大影响。咱们尽人事听天命。至少我们知道，我们的文本还是很不错的。销售实践环节尽力就好。"

乔林听毅然这么说，心里稍微好受一点，因为他心中其实有些愧疼。他的队员们在说到这件事情时也提起过，老师为这个小队的比赛付出了不少时间和精力。如果因为这样的扰动因素而让付出和回报不成正比，大家觉得有些对不住毅然老师。

但是乔林发现毅然并没有在意这一点，这让他的心情多少平复了一些。他说："谢谢老师，我明白了。等销售实践环节结束后，就要进行最终的项目答辩了，到时候还要请老师多多指导我们。"

毅然当仁不让地答应下来，在他擅长的领域，自然是要尽全力支持的。

随着时间的推移，销售实践环节结束，"糖豆闪电"小分队的成绩在 50 多个参赛队伍中位列第十一名。这个成绩是结合研究报告的文本评分和实践环节实际销售出去的饮料数量来共同决定的。可见乔林带领的小队不仅报告质量高，销售环节确实是努力了。

"老师，答辩定在两周后，我们现在应该怎么办？"乔林再次把他的小分队聚集在教室，请毅然给他们指导最后的答辩。时已初秋，教室里温度依然不低。乔林让同学把电风扇打开，教室里立刻响起了嗡嗡声。

毅然提高音量，把大致思路说给大家听："答辩自然是先做 PPT 了。把你们之前研究报告的内容做成 PPT，然后别忘了把实践环节的销售计划放上去，最后把销售成果也放上去。注意强调一下，实际销售是基于你们对'童乐'饮料的分析，采取了自己制定的销售策略才能销售得这么多，建立理论与实践的因果关系。先做到这一步，做好了给我看看。"

任务明确，步骤清楚，乔林立即带着"糖豆闪电"小队分工实施起来。

不到一周时间，毅然就收到了乔林发来的 PPT。点开 PPT 之前，毅然不断告诫自己："不要太期待，不要太期待。估计很糟糕，估计很糟糕。"接受上次的教训，毅然先给自己打个心理预防针，避免情绪出现落差。打开 PPT，毅然迅速扫了一眼，然后猛地关上 PPT。"还行还行，不算太糟，不算太糟。"就在刚才的迅速扫描中，毅然已经发现了不少问题，但是他暂时不想深究，毕竟是大一新生，做不好是正常的。

已经有了充分的心理准备，毅然再次打开 PPT，从头到尾细致地看了一遍，并且拿起手边的纸和笔进行记录。前前后后一共列了十点修改意见，以及一些需要打磨的小细节，之后就是要把小队成员聚在一起进行讲解指导，毅然拿起了手机拨给乔林。

第二天晚自习下课后，"糖豆闪电"们再次聚齐。这次是听毅然讲解如何做 PPT。毅然打开教室多媒体，将大家做的 PPT 投放到投影仪上。

"首先我明白大家都努力了，但是实话实说，大家做的 PPT 离答辩能用的程度还有一定差距。不过也不用灰心，我现在给大家提一些修改意见，请大家认真听。首先，我们要确认一下，一个队答辩给多少时间？"毅然转头看向乔林，这是一个必须要确认的重要问题。

"听说是一个队 10 分钟。"乔林回答道，这个信息他早就知道，但是他不明白毅然为什么突然要确认这个。

"你们知道讲解一页 PPT 一般花多长时间吗？"毅然接着问道。

大家大概明白毅然想说什么了，但是具体讲解一页 PPT 花多长时间，这种问题倒是谁都没有考虑过。毅然自然也不是在询问，他估计同学们不太了解演讲方面的技巧，于是自问自答："一页 PPT 一般会讲到一分钟左右，当然根据信息量大小和讲解人的语速，会有一定的出入。那么大家做的 32 页 PPT 就会有一个问题。是什么？"

"讲不完了。我早说过 PPT 可能做多了。"曹德坤顺势接上了话茬，自顾自地点头，仿佛明白了什么。

万晓飞一巴掌拍在他肩膀上说道："你早说个屁啊，你说的是你做了好多页 PPT，当时不还挺自豪的？"

听到他俩的对话，大家跟着笑了起来。

毅然说："之前不知道没关系，但是我们 32 页 PPT 显然太多了，所以要压缩内容。由于只有 10 分钟演讲时间，我们要选择最重要、最能展现我们小队风采的内容放进 PPT，紧紧抓住观众的注意力，这是第一点。"

"看来老师还有第二点？"万晓飞张大嘴巴说。

毅然接着往下说："第二个问题，是 PPT 的颜色。"

"颜色怎么了？"有绘画才能的周应天对颜色比较感兴趣，平时不怎么说话的他下意识地表达了疑问，"PPT 颜色也有讲究？"

"是的。"毅然说。他当年在咨询公司工作时，接受过关于 PPT 制作方面的培训，培训老师对于 PPT 色彩比较较真。之后负责品牌工作，毅然更是经常和色彩打交道。他接着说，"大家做图表都是用 Excel 的对吧？比如饼图，代表不同区间部分的颜色基本上是红、黄、蓝、绿等基础颜色。这样的颜色看起来区别大、醒目，但是多了却容易让人眼花。所以为了视觉上舒服，一页 PPT 上的颜色我们基本上会控制在三种以内。"

"那么选取哪三种呢？"周应天学画画时也学过色彩理论，他明白毅然说的是对的。他也一直觉得 Excel 自带的图表颜色繁复扎眼，但是他不敢确定做汇报用的 PPT，凭自己好恶选颜色可不可以。

"这就问到点子上了。"毅然说道，"商务 PPT 一般选用的三种颜色要对应企业的 Logo 色。这一次的比赛中，我们可以考虑用我们小队的 Logo。但如果我们没有自己的 Logo，可以用'童乐'的 Logo 色。"

这时候，毅然看到朱小祎欲言又止，他示意朱小祎有什么问题可以说出来。

"'童乐'的 Logo 色只有红色呀，"朱小祎表达了自己的疑问。"那另外两种颜色要怎么选？"

"这个问题也是有解决方案的。"毅然很高兴朱小祎没有被动接受信息，而是在主动思考提出问题。"如果'童乐'的 Logo 只有红色，那么我们可以使用红色，淡一点的红色，具体多淡可以自己调节，以及灰色。灰色可以在三色中作为百搭的颜色。如果算上字的黑色，那么最多只能放四种颜色。"

"明白了，老师。既然可以自己选择颜色，这个问题就交给我吧。"周应天接过话，一副跃跃欲试的样子。毅然对他负责 PPT 的美工也比较放心，毕竟周应天现在已经是"新媒社"的主力画师了。

"然后就是第三个问题。"毅然指着一页满是字的 PPT，问台下的同学们，"这页 PPT 是谁做的？"

大家不约而同看向曹德坤。曹德坤只得尴尬地笑笑，举起手说是自己。

"这页 PPT 满屏都是文字，曹德坤同学，你自己看看，阅读的时候不累吗？"毅然又让曹德坤站到教室后面，指着其中一行字说，"字体这么小，你告诉我你能看清楚屏幕上的字吗？"

曹德坤有点儿不好意思，赶紧解释："老师，我 PPT 量有点大，所以后面几页就复制粘贴了。"

"我估计也是这样。"毅然说，"但这样做 PPT 不行。"

毅然看到曹德坤脸上略微显得有些扭曲，估计他心里在想，做 PPT 这么麻烦吗，把内容复制粘贴上去不就好了？

"首先，PPT 不是 Word。"毅然具体讲解道，"如果说 Word 是文档，那么 PPT 更像是一幅画、一张画布。我们要把画布分成几个板块，图文并茂地展示信息，这些信息一般要有因果联系。比如一页 PPT 的左侧写数据，右侧写结论，从左侧拉一个箭头指向右侧，表示因果关系。上方标题不要写'结论 1'，而是用一句话概括右侧的结论，让观众知道这页 PPT 想说什么。"

"曹德坤，你想一下。"毅然为了加深他的认识，以他为例设想了一个场景。"如果我上课用你这样的 PPT 讲课，你会是什么感受。"

"呃……那怕是要睡着了吧。"曹德坤倒也实诚，其实他明白毅然的意思，他就是怕麻烦。"好的老师，我明白了。我去改 PPT。"

"这就对了，比如这页 PPT 的标题，根据下面的内容可以考虑改成'童乐饮料的广告语可以更加贴近大学生生活'。"毅然满意地说，"而除了左数据，右结论，下方空白的地方可以用小一点的字写上我们的建议广告语，比如'喝童乐，不挂科'等。当然我这只是举个例子，创作广告语，你们应该比我更有创意。"

毅然转向周应天说："小队也可以来一场'头脑风暴'，周应天跟我一起做过，他知道'头脑风暴'的方法。"

周应天点点头，表示如果需要的话，他知道怎么当"头脑风暴"的主持人。

接着，毅然又从管理学的角度，对 PPT 重点要展示的内容和逻辑架构进行了点评，并且回答了大家的问题。他看到同学们都理解了以后，就表示可以散会了。当大家出去时，毅然叫住了走在最后的乔林。

"时间所剩不多了，乔林。"毅然提醒乔林道。"最后再加加油！然后修改 PPT 的同时，负责上场演讲答辩的同学也要确定下来，早做准备。"

"好的老师。"乔林早有计划，他的安排和毅然的想法差不多。"答辩由我亲自来，再加上朱小祎和万晓飞，我们都是有经验的人，没问题的。"

毅然点点头。乔林自不用说，朱小祎上次推优的演讲也可圈可点，万晓飞虽然平时皮了一点，但是聪明灵活，外形也不错。这个答辩阵容可以说是最佳了。

毅然大致算了一下时间，刚刚好，便说："那么修改三天，我们小队再聚一次，看看实际演讲效果。"

打心底，毅然对比赛答辩是越来越期待了。

———————— TIPS："业务信息展示"技巧 ————————

业务信息展示是管理实践中不可或缺的基本技能，经常以演讲 PPT 的形式出现。但许多职场人对业务信息展示并没有给予高度重视，如演讲 PPT 的制作只停留在文字简单排版的低水平，而没有做到文字简洁、信息界面化、富有动感。需要特别注意的是，字号应放大到会场最后排的人也能看清；尽量使用简短句子让行文易读；多采用结论式标题；配色、插图、文字的排版需要体现美感等。

12　顺与不顺话平衡

——"公平理论"观点

段旭找到毅然，神情抑郁地问："老师，您说说，为什么倒霉的总是我呢？"

毅然带着他边朝操场走边说："说说看，碰上什么不顺心的事了？"

"什么事都不顺心，老师。"他说，"就说童怡吧，老是躲我。发微信信息不回，打电话也不接。"

原来是这么回事。毅然放了心，告诉段旭说，童怡是家里有事，请事假回老家了，向他报备过。

"真的？"段旭怕毅然出于安慰他的心理才那样说，心里依然疑虑重重。"那她回个微信信息、接个电话总可以吧？是不是真的因为什么事生了我的气，从此不理我了？"

毅然认为不至于。他告诉段旭，不回微信信息、不接电话的原因可能多种多样，我们都不是童怡，猜测 N 种原因，也许都触及不到真相。在这种情况下，也就不必乱猜，该忙什么忙什么，只待时间让真相水落石出好了。

"话虽这么说，可我现在做什么都提不起精神来。"段旭说，"'新媒社'好多事情节奏都落下来了。我觉得，我是不是不适合做这个社长。乔林积极性那么高，要不就让他做算了。"

毅然听说，乔林加入"新媒社"后，未经任何程序已经自封副社长，平时也爱背着手到各部门转来转去，对有关问题发表一些"指导意见"。很多社员把他这种做派视为搞笑，并不往心里去。他见没人理茬儿，也不生气，依然对外宣称自己是"新媒社"副社长。

段旭提议把社长位置让给他，毅然并不认可，一来因为那有点儿像是私相授受，有违程序正义；二来毅然觉得段旭情绪处在低谷，让出社长位置并不能够真正解决问题；三来他想，当问题来袭，用取消问题的方式解决问题，并不利于人的成长，因为以后问题还会来临，总不能一见问题就躲，形成心理惯性就更不好了。

毅然向段旭提议他们俩在操场上一起走几圈，并率先在前头走起来。段旭只好在后面跟上。毅然在前头走着，速度并不快，而是边走边整理自己的思路。他想和段旭说说自己的一些经历，看看是否能对这个想打退堂鼓的社长有所启发。

事实上，无论纵向还是横向比较，毅然觉得自己所碰到的不顺之事，不知要比段旭多多少倍。他边走边告诉段旭自己从到日本留学开始的那些不顺。他觉得那些不顺之所以可以说出来，是因为它们已经成为过去，可以从容地理性分析，这对段旭来说也许会有一点参考价值。

毅然决定去日本留学，多少是因为大学时思考问题的方式和维度还不成熟。毅然英语成绩非常好，去欧美国家留学原本是最好的选择。但是他觉得走在欧美国家的大街上，放眼一望都是白人，自然显得他不属于这里。出于自己中国人的身份，毅然更加倾向于亚洲国家，再加上小时候较多接触日本动漫及日本是公认的科学技术发达国家的原因，到那里应该能学到东西，他最终选择了去日本留学。

真的开始准备手续了，毅然才发现他碰到的问题现实而又具体。虽然英语已过六级，但他的日语是零基础，只能在申请留学前恶补日语。在国内拿到的日语鉴定考试 E 级证书充其量不过是留学日本语言要求的最低级别，因为听力与表达远不能适应研究生学习的需要。所以在日语上需要花费额外不少时间，这也是之前他为计划留学的同学解惑时特别强调先要学好日语的原因。

毅然办好留学手续后，最先进入的不是日本哪个大学的大学院，而是横滨市某个专科院校下属的语言学院。这里专门教授前来日本留学的学生日语，授课教师全是日本人，教学严格规范，可以学到非常纯正的日语。他要用大约一年的时间考出日语一级证书，才可以在日本申请读研。偏偏他进入日本次年的三月，日本发生了"3·11"大地震，接着余震不断，继而是核泄漏……

国内的父母天天通过央视国际新闻看日本震灾状况，越看心里越惶急，希望他尽快回国避难。但是机票骤然涨价，本来两三千元即可搞定，竟迅速飞涨到万元，还一票难求。由于父母催得急，他只好高价购票回国避险，因而耽误了日语学校的学习与毕业考试。

父母但求儿女安全，同时让回国后的毅然在家里好吃好喝，他甚至养出了肚腩；但是他的心理压力无由加大，因为按照管理学"注重经济性"的基本原则，家里支付他留学的费用会凭空增加一年的成本。日本地震灾害过后，毅然重回日本，捏着鼻子又学了一年语言，竟然在语言学校耗了两年时间才毕业，拿到日语一级证书。按说打好语言基础再申请读研并没什么不好，但在外人看来，仅是过日语关他便耗掉两年时间，留学的性价比只能算差强人意。

"你说，那样的结果，"毅然边走边问，"是老师不努力，还是老师愚笨？"

"都不是。"段旭老实地说，"都是大地震闹的。看来老师也够倒霉的。"

"是啊。那样的结果，老师也只能认了。"毅然接着告诉段旭，偏偏那段时间日元汇率又升值了。他留学第一年汇率是 6.2，也就是说父母在国内兑换 10 万日元，只要支付 6200 元人民币即可；但是"3·11"大地震后，日元汇率猛涨到 8.3，父母购进 10 万日元，凭空便要多支付 2100 元。而他在日本的学习与生活支出，却并没省出一分钱。

"那您的心理压力，"段旭感到理解地说，"也就更大了吧。"

"是啊。"毅然说，"每个月末接到父母汇寄的生活费，我心里都会很不安。"

他告诉段旭，在那样的情况下，他也必须在双休日去打工挣钱，来缓解父母供他留学费用的压力。他先后在超市和图书馆打过工，后来又到餐馆洗盘子，因为薪资会多一些。他在餐饮行业打了将近一年工，从洗盘子、洗菜开始，最后做到"二厨"，竟学习掌握了不少日式料理烹饪技巧。但是，在餐馆打工收入虽多，却离租住的宿舍很远。每个双休日他都要披星戴月赶电车。日本的男人有泡夜店的习惯，喝过这家奔那家；无论夜多深，总有人探头进来，要酒要菜，喝着唱着，没完没了……回到租住的房间，他常常累得筋疲力尽，倒头便睡。想到能为家里分担经济压力，他咬牙挺了下来，直到申请日本某知名大学的大学院成功。

"接下来，您总该比较顺利了吧。"段旭听了，也替老师感到庆幸。

"不然。"他说，"更不顺的事情还在后头呢。"

他举了个奖学金的例子，说外国留学生在大学院能否拿到奖学金，学校评定的主要根据是导师给研究生打出的学习成绩。研究科其他导师为了让自己带的留学生拿到奖学金，给的成绩往往比较高。藤原先生对此很不屑，认为那是在"放水"，属于不负责任的做法，甚至在校务会上提出严肃的抗议。

藤原是个言行一致的学者，对他所带的外国研究生非常严格，很少给出高分，因此他的学生很少得到奖学金。再加上藤原手下研一、研二各只有一名学生，每周都要写文献摘要和读书报告，而其他导师底下少则五六人，多则十余人，只需要隔几周轮流提交报告，轻松不少。看着其他导师指导的同学明明作业数量和质量都不如自己，成绩却比自己高，还能拿到奖学金，这让毅然感到十分不公平。

不过，毅然告诉段旭，藤原先生的"狠"虽然让师从他的学生心理感受不太好，但也具有两面性，即藤原先生手里的学生少，因此指导每个学生花费的时间更长，学生能够学到的前沿学识和扎实本领更多。所以虽然经历了痛苦的读研生活，回过头来毅然对于藤原先生还是充满感激的，因为他知道藤原先生不是无端折磨他，而是真的教给了他很多。

"现在想起来，那个过程，理解为藤原先生的严苛和加压也可以，理解为自己的不顺也说得通。"毅然对段旭说，"但有一点可以肯定，对我迎难而上的毅力是个锻炼。"

"为什么您会这么说？"段旭疑惑地问，"难道那不是逆来顺受么？"

"这个很难说。"毅然说，"具体问题要具体分析。逆来顺受指的往往是过程感受。只要结果是好的，事后你会重新评估过程的价值意义。再说老师当年不逆来顺受，哪有退路啊？"

"是啊，看来我想让乔林顶替自己做社长，已经是预留了退路的。"段旭老实地承认，而后又问，"难道说直到最后，您也没拿到任何奖学金？"

"老师最后拿到了。"毅然感慨地告诉段旭，他后来终于拿到了一个企业家捐助学校设立的奖学金。虽然那个奖学金每年一届，每届一两个，此前研究科拿到该奖学金的其他留学生也有不少，但是能从藤原先生给予的成绩基础上拿到那个奖学金，仿佛格外难得，因此也让毅然觉得格外珍贵。

"祝贺老师。"段旭高兴地说，"真是阳光总在风雨后啊。"

"段旭你看，"毅然说，"学习、生活与工作的顺与不顺，按管理学'注重经济性'的基本原则来说，也就存在了辩证性。所以，顺与不顺应该做两面观。"

"您说得是。"段旭低头承认道。

"其实，让我挺过来的原因，不是我多能吃苦。"毅然又说，"而是我在对比之中，让自己对苦的感受变得有些麻木了而已。"

"这话是什么意思？"段旭听了，感到好生奇怪。"难道对比会让苦变甜？"

"不会。"毅然说，"苦依然很苦，但当你看到别人吃的苦比你更多，你还会好意思叫苦吗？这正符合亚当斯的'公平理论'。'公平理论'的基本观点是员工不仅关心自己得到报酬的绝对值，而且关注自己报酬的相对值。当然，这里的报酬可以引申理解为得到的其他东西。当一个人认为自己相较于其他人付出的多得到的却少，即使实际上他已经得到很多了，他也会觉得不公平。所以我之前感到不公平也是人之常情，这就需要我用理性去化解。但反过来说，别人吃的苦比你更多，得到的也不比你多时，你的内心压力多少会减轻一些。"

"确实是这样。"段旭问，"本来我以为就我倒霉，现在看来除了老师，还有更倒霉的？"

毅然说有，但他表示散步耗掉的时间已经不少，以后有机会再聊聊那个更加倒霉的人，以及他从那个人身上是如何汲取了克服困难的力量的。

TIPS：公平理论

公平理论是美国学者约翰·亚当斯在20世纪60年代提出的一种激励理论。其基本思想是人们不仅关心自己得到报酬的绝对值，还关注自己得到报酬的相对比值。如果员工与某对象比较后感到自己的收入与付出不成正比，就会产生不公平感，进而采取行动。这些行动包括改变比较对象寻求心理上的平衡感；设法改变自己的收入，比如要求升职加薪或者另谋出路；改变他人的收入或付出，这可能会增加组织成员的内部斗争。因此，公平理论是管理者制定制度、实行奖惩时需要考虑的重要问题。

13　责任在我

——"解决问题从我出发"思维方式

段旭又来找毅然了，邀他到操场上散步，说想继续听他讲讲那个"更倒霉的人"的故事。

毅然知道，段旭并没有旁观他人痛苦的嗜好；自己之所以上次对他说自己那些不顺的经历，绝不是出于玩味他人痛楚的心理，而是要让他从那些如何度过不顺境遇的人身上，汲取某种向上的力量。所以，他带着段旭又走向操场，开始了师生间的边走边聊。

毅然告诉段旭，那个"更倒霉的人"其实是他的师哥，也是藤原先生的研究生。他叫沈勇，在国内就是个学霸。在两人共同的导师藤原先生那里，他更是勤奋努力，头发都过早地花白了。沈勇为人诚实善良，在毅然初入藤原门下的时候，给了他很多指点和关爱。

在一次研究生研讨会后，藤原先生和毅然聊天，说他的师哥沈勇最终是要走学术道路的，即想在日本读博，进而在日本的某个大学谋个教职。在日本，硕士也叫"修士"，性质是"博士前期二年"，本来是为一路读博的人打前期基础的。但是在日本读博，想要顺利毕业并不容易，甚至十分困难。作为沈勇的硕士生导师，藤原表示他必须给自己的学生施加超常的压力，为的是让他以后有能力克服读博的艰辛并顺利拿到学位。

毅然告诉段旭，藤原先生在这样的考虑下，让他的师哥沈勇苦其心志，劳其筋骨；而沈勇也确实在不断变强，最终以优异成绩考上了日本数一数二的庆应义塾大学，做博士生去了。

"这样说来，"段旭说，"您的导师藤原先生还是很有道理的。"

"是啊，他确实有那种'责任在我'的意识，体现了管理学的基本思维方式。其实藤原先生的这种行事方式，在理解他的人眼里是合理的，在不理解他的人眼里可能就变味了。"毅然说，"沈勇也一样，因为觉悟到'解决问题从认识自我、改变自我着手'，不断地调整自己的状态，让自己蝶变，以适应藤原先生的严苛要求，所以最终实现了考取名校博士生的愿景。"

"可是，藤原先生这种做法，难道不冒险吗？"段旭说，"假如施压对象真的经不起打压式的考验，在蝶变前崩溃了，甚至发生了悲剧，那又该怎么说？日本的年轻人自杀率比较高，是不是可能与此有关？"

"施压的力度大小，有赖于导师对学生的识别与判断。"毅然说，"那样的火候掌握，其实也是老师对自身的理性认知，同样符合'解决问题从认识自我、改变自我着手'的管理学基本思维方式。就是说，藤原先生也要不断地认识自我和改变自我。"

"嗯，有道理。"段旭代为庆幸地说，"不管怎么说，您的师哥总算摆脱藤原先生了。"

"是啊，我也为他庆幸。"毅然说，"可是你能想到他进入庆应义塾大学后会更加悲惨吗？他读博读了六七年，也没有拿到博士学位，因为他遇到的那个导师更加苛刻……"

"怎么会这样啊？"段旭吃了一惊，脸上甚至冒出汗来，"那他可真是倒霉透顶了。"

"沈勇后来无奈放弃了庆应义塾大学的博士学位。"毅然告诉段旭，"他在日本关西某个高校谋了个教师职位，一边教书，一边争取博士毕业。"

"最终呢，"段旭问，"他拿到博士学位了吗？"

"没有。"毅然说，"师哥最终结束了在日本八年多的留学生活，洒泪回国了。"

段旭听了，沉默了一会儿，显然有些为沈勇伤感，后来问道："您师哥现在怎么样了？"

"他回国后，在上海一家国际管理咨询公司入职了。"毅然说，"现在他已经结婚生子，做爸爸啦。"

"真得祝福您这个师哥，结束了在日本梦魇一般的日子。"段旭说，"不说您师哥了，说说您吧。您的硕士论文情况咋样，进展顺利吗？"

"说我啊？"毅然笑道，"那个阶段，我也有个认识自我、改变自我的过程。"

在人来人往的操场上，毅然边走边告诉段旭，硕士论文能不能在藤原先生那里获得初审通过，他并无把握，因为他提前八个多月就向导师申报的硕士论文选题，已经被打回两次了。

毅然很郁闷，导师藤原只是对他毕业论文选题不停地否定和打回，却不会告诉他什么是正确的选题。许多日本导师采用这样的指导方式，即对方不明说，靠你悟；你悟出来了，豁然开朗，自然会有云开日出般的喜悦。但是如果悟不出来呢，就暗无天日了，至于导师最后是拉你一把，还是认为你孺子不可教，就看遇到什么样的导师了。许多留学生对这种指导方式不适应，颇有微词，又只能无奈接受。毅然也没有问过导师们为何如此，只能猜测这是导师们为了不让学生被他们的想法限制了学术创意，但这也是一厢情愿的猜测罢了。

毅然打算把硕士论文选题第三次呈报导师，但又怕再次被否定和打回。那时候，他的师哥沈勇已经在庆应义塾大学读博，他到庆应义塾大学找师哥帮忙参谋。师哥看了他的选题构想后说："咱俩虽然研究方向不同，但我觉得你这次斟酌修改得已经差不多了，我确实提不出什么修改意见。再说，事不过三。这是第三次呈送藤原先生了吧，准过。"

也许真是借了师哥的吉言，第三次，藤原先生终于向毅然露出了难得的笑容，对他拟定的选题表示认可；同时指出，必须要有一定量的企业调研数据支持和扎实深入的分析才能支撑起整个论文框架。

从导师办公室出来，毅然禁不住差点儿流出眼泪。因为在这些日子里，他既要完成毕业前的研究生课程考试，又要迎考会计师证书，还要坚持双休日打工，已经快到崩溃的边缘。如果藤原再不通过他的硕士论文选题，他在读研签证的三年内很可能拿不到硕士学位证书。好在选题被导师通过，接下来，便是调研和论文撰写了。

选题通过后，毅然要做的便是围绕选题做调研，同时完善选题逻辑框架，细化一、二、三级标题。由于调研是基础，必须做得扎实深透，才可以有效支撑后期的论文撰写。毅然只能暂时放弃打工，利用双休日对他所选取的调研对象进行走访。

为了体现样本的典型性，毅然想将样本分布在东京、横滨、大阪、名古屋等几个具有代表性的城市。但是那样一来，调研的成本和难度便会骤然加大。要不要为了保证样本的典型性而那样为难自己呢？毅然很犹豫。

想起父亲在钱塘大学曾经多次指导学生进行社会调研，毅然便向父亲请教。父亲坚定地支持了他的想法，说成本虽高，但值得那样做，因为样本分布过于集中会削弱数据的代表性，并且表示，调研过程中的食宿费用，他可以支持毅然。

如此一来，毅然也就不再纠结，在炎热的夏季展开了硕士论文必需的走访和调研。他走访附近地区时选择坐电车早出晚归；远些的，他便要住下来。他将食宿费用精打细算，力争让父亲所说的"支持"不超标。

两个月下来，毅然被晒得特别黑，人也暴瘦十几斤。好在走访调研基本完毕，他向藤原先生汇报时，导师再次露出了难得的笑容。

"看来藤原先生对你还是不错的。"段旭说。

"是的，说起来，我是很感谢藤原先生的。"毅然说。他还告诉段旭，说在日元汇率处于最高点让父母倍感经济压力时，幸亏藤原先生主动跑到大学院后勤部门，为他申请了低价学校公寓，这才使他在不增加父母新的经济负担的情况下，继续用边学习、边打工的方式，完成了自己的留学学业。

由于调研扎实，数据充分，毅然又比较熟练地掌握了统计学分析方法，所以在论文逻辑框架搭建起来后，他的论文写得比较顺利，撰写超过了十万字。

同时，他在日本读的硕士专业要想对口求职，必须拿到"日本商业会计师"二级证书，而从投求职简历到正式入职，往往也要两三个月才能办妥。这就意味着，他必须在毕业前考到那本"会计师"二级证书，才能在毕业求职时具有合格资质。

但是，硕士研究生要想顺利毕业，不用说，也知道毕业论文的顺利撰写与通过答辩，是重中之重。好在初稿提交后，藤原先生提了几次修改意见，毅然都很快改好。导师看后，再没说什么，同意他打印呈交答辩委员会。

毅然打印自己的硕士毕业论文时看见打印机吐出一张张写满日文的A4纸，他的心里有一种说不出的欣悦。这标志着他毕业最大含金量的论文成果，如今已经变成了白纸黑字。那些日日夜夜所吃的苦，终于被固化在纸质稿件上。毅然暗自祈祷，但愿答辩能够顺利过关。

答辩会前夕，毅然接到通知，要着正装。他早早起床，精心打扮了自己，打上他为自己选的那条蓝色的"必胜"领带，朝镜子里的自己举了举拳头，嘴里说了一句"奥力给（加油）"，便匆匆赶往学校。

毅然被通知进场时，发现五个评委老师一律正装，已经在台前正襟危坐，心里不免怦怦直跳。他对自己轻声说了一句："沉住气。"

导师藤原先生意味深长地看了看自己的研究生，然后开始介绍毅然和他的毕业论文简况。端坐在C位的三个答辩委员会评委，脸板得像水泥板，看不出一点情绪倾向。毅然忐忑不安，硬着头皮介绍了自己毕业论文的选题价值、选题意义、逻辑框架和创新点，也坦承了存在的不足之处，而后便由答辩委员会评委提问。

三个评委谦让一番，各自面无表情地向毅然提了一两个问题。毅然觉得，那些问题基本都在自己准备的范围内，本着实事求是的原则作了回答。评委们听罢，先后互相对视，看上去，是表示基本认可的意思。

但是，令毅然诧异的是，他的导师藤原先生忽然开了口，说毅然的论文还存在一定问题，主要是样本数量，虽然覆盖面尚可，但数量似嫌不足，只有两百来家。说完后，他一脸严肃，望着毅然，似乎在等他进一步解释或表态。

毅然瞬间感到肚子有点疼，想去卫生间。他不明白，为什么在其他评委老师都不再提出什么致命意见的情况下，自己的导师会突然横插一杠，补上了貌似原则性的温柔一刀，让自己尴尬在那里，生死未卜。

如果样本量作为论据确实不足以支撑论文论证，那么藤原先生应该在指导选题前提出来，毅然在调研时可以追加，直到他认可；而导师当时不提，答辩时才提出来，让他该如何弥补？毅然想哭的心都有了，但面对面容严肃的导师，他也只得嗫嚅着说："这确实是个问题，以后论文如果考虑发表，一定会追加样本，补充调研。"

几个评委又互相对视起来，交换着很有深意的眼神，然后示意毅然出去，说他们要讨论评鉴意见。

毅然心里七上八下。他走出答辩办公室时，感到两腿有些发软，两脚像是踩在水上。

不久，研究生毕业论文答辩成绩公示了。毅然万万没有想到，他的毕业论文全票通过，成绩优秀，使他在研究生同学中一时大为风光。但是，他怎么也想不明白，导师藤原先生当时提出的调研样本数量的问题究竟是什么意思。

藤原先生后来告诉毅然，说作为导师，他有责任提出一些批评性的意见，那也是"责任在我"的一种体现；说如果导师不提些具体意见出来，倒显得师生都不谦虚，反而不利于评委会讨论后的成绩评定；说他提了，姿态做足，其他评委反而不便轻易否定了。

毅然听了，深感自己在学界道行还浅，差点儿误解了导师一片良苦用心。他向藤原先生表示了诚恳的谢意。

最终，毅然如愿拿到了硕士学位，导师藤原先生在毕业典礼上与他欣然合影。本来毅然想请父母到日本参加他的硕士毕业典礼，后来因为经济条件所限最终未能实现。这让他感到了一丝的歉意。他想，等他在日本找到工作攒够了钱，便要第一时间请父母来日本旅游，看看他读研究生的横滨市和他将要工作的东京。

"老师，您是在东京就业的？"段旭问。

"是啊，那还是一家小有名气的管理咨询公司。"毅然说，"它旗下的业务客户很厉害的，很多客户都是行业龙头。"

毅然告诉段旭，他入职公司后，便感受到了日本公司对待员工的热情。具体来说，便是出资对员工先做三个月培训，其间的薪资食宿与培训费用均由公司负担。毅然在接受培训的过程中，也深深体会到了日企培训全维度的力度，不仅是岗位业务技能，甚至员工待人接物的礼仪都要接受训练。至于日本职场的事情，下次有机会也可以和段旭说说，也算增长他的见闻吧，毅然心想。

---------- TIPS:"解决问题从我出发"的思维方式 ----------

"解决问题从我出发"是管理学和管理实践中重要的思维方式和行为准则。工作中会遇到许多问题,如果员工遇到困难都选择逃避、拖延或者等待别人来解决,那么组织的目标就很难达成。虽然是一听就懂的道理,但实际上无法做到的人却非常多。因此世界上无数优秀企业虽然都有自己独特的组织文化,但这些公司会不约而同地强调员工不应推诿责任、怨天尤人,应该从自身出发寻找问题的原因和困难的解决办法。

14　走出至暗时刻

——管理基本工作中的"控制"

　　毅然几次和学生段旭在操场上一起慢跑或散步，并向他具体述说自己的读研与求职经历，让段旭觉得很贴心，也很受益。后来，段旭也主动询问毅然是否有时间，再和自己说说他在日本管理咨询公司工作的经历，表示那对他认识异域职场、坚强自己内心都有帮助。毅然也很喜欢自己所带班级的班长，有意引导他走出工作情绪的低谷，便时常和他到操场上聊天。

　　毅然告诉段旭，他在日本公司接受为期三个月的培训并通过考试后，很快被分配到公司大数据部工作，职位是数据分析咨询师。他有了自己的工装、工牌和工位，并配备了专属的电脑。更令他特别自豪的是，薪资很高，他的收入换算成人民币，大约相当于年薪36万元。

　　他将消息告诉国内的父母后，他们也为他高兴不已。他父亲甚至在比较之后告诉他，说他在日本公司干一年，相当于他在钱塘大学干四年。毅然也觉得，那样的收入不仅解决了他在东京的生活用度，每月还能存下不小的一笔钱。

　　由于刚刚入职，大数据部几乎所有的人都成了毅然的"前辈"。

在论资排辈的日本职场，他自然先要做最初级的工作。说初级，并非意味着容易，而是复杂和烦琐，并且成就感不强。毅然要做的第一份工作是会议纪要。部门和公司大小会议，他都要抱着电脑到位，飞快地记录。那对他的日语听力和键盘打字速度都构成了考验和挑战。

他记录整理的会议纪要文字，一般要在隔日提交给部门负责人。但是会议期间，人们发言常常是七嘴八舌，语速极快，伴以争吵，而且并不全是东京话，还夹杂了不少关西和北海道方言，令毅然头大。

他根据录音细听，依然受音量、语速影响，难以全部准确捕捉相关信息；特别是一些专业术语、时新流行语，更难把握。但经过一个阶段的强化提升，当毅然已经能够胜任会议速记、整理纪要的工作时，部门里又招来了新同事。部门主管加贺让他把会议纪要的工作交出去，让新人来做；而他要接手一个大数据分析任务，毅然听了很激动。

毅然首次承担的项目是主笔为一个家具装潢企业做客户分析方案，提供销售建议。他决心下苦功夫，把首个方案做得漂亮些，以此在公司立足。偏偏在这个时候，生活向他展示了不测之处，就是他在东京工作时租住的房子，楼上出现了令他头痛不已的状况。

具体来说，就是租住楼上的某位老兄，总是在半夜以后不定时地搞出惊心动魄的敲击声；至于是在用哑铃砸地还是砸墙就不得而知了。但是，响声之剧烈，足以将任何熟睡中的人惊醒，让他们以为发生了祸事。

问题是那样的响动十分诡异，缺少节奏，没有规律，有时一两声，有时两三声，响前不打招呼，收声不说再见，你永远弄不清它到底什么时候来。毅然被惊醒后，心里总觉得不知道什么时候还会来一声,难以安心入睡,只能睁大眼睛苦熬,直到黎明降临,天色大亮。

那是毅然的至暗时刻。第二天,他往往两眼发黑、脸色苍白、精神恍惚,甚至走路都摇摇晃晃起来。为了解决问题,毅然也曾到楼上侦察过,想看看是谁在搞事情,打算打个招呼,让他注意点。

但是,楼上的房间在白天一片死寂,敲门也不应,好像根本没有人居住的样子。但是到了后半夜,响动便又不规律地开始了,让毅然彻夜难眠。他也到物业管理那里反映过,希望他们介入;物业管理的答复是他们也反映过,但是对方时有时无、反反复复,他们也无权让业主搬家,没有办法。毅然希望要到对方电话号码,通过电话沟通一下,但答复是不便泄露。

他也曾试着晚上朝对方门缝里塞小字条儿加以提醒,但对方根本置若罔闻。楼上的到底是什么人,竟然玩起"神隐",神龙首尾皆不见,只待夜半子时搞事情?是个心理变态?还是个精神病患者?谁也说不清楚。

毅然曾经考虑换个地方租房。但是,在日本租房子一般要签约两年,并且需要一笔不菲的初期费用。这意味着换房子需要慎重,或者要考察相当长的一段时间才能下决定。毅然刚刚工作没多久,每天要面临繁重的工作,空闲时间还需要补充睡眠,能抽出来找房子的时间不多。所以也只能先将就着,慢慢想办法。

后来,物业房管人见他确实备受折磨,建议他买几个耳塞试一下。耳塞虽有一定效果,但也抵挡不住楼上过于剧烈的敲地或砸墙声。最后,毅然只好买了几瓶红酒,睡前猛喝一杯,塞上耳朵倒头便睡。效果虽不明显,但也比通宵失眠要强。

直到几个月后，毅然找到新房子，才摆脱了诡异的"敲楼人"。但是那时，他的睡眠质量已经受到严重损害，经常因为夜里突然出现的一点点声响而整晚失眠。那种令人心悸的状况，直到好几年后才有所改善。

"老师，您那不是遇到鬼了吗？"段旭说，"简直太恐怖了。"

"是啊。"毅然笑着说，"那些日子，简直暗无天日，真是不想活的心都有了。"

"那您是怎么熬过来的？"段旭问道。

"怎么熬过来的？"毅然重复了段旭的问话后，用近似劫后余生般的口吻说，"只能自我调适，管控好自己的情绪，尽量不让它影响到工作呗。平白无故遭遇那样的事情，心情很难好起来。"

毅然告诉段旭，那个时间段里，他只能一边抵御楼上的夜半噪声，一边死扛第二天的精神恍惚，尽一切可能集中精力做好管理咨询方案。

作为新人培训的后续环节，公司指派了一个叫伊藤的师傅带他，主要是为他指引方向、解答疑惑、审核文本以及与客户接洽。事实上毅然在做会议纪要时已经认识伊藤，知道他为人散淡，不修边幅，平日并不喜欢搭理人，很少和同事寒暄。但是，每当部门业务陷入纠结状态而一筹莫展时，伊藤总能在关键节点施以援手，解开死结，令人豁然开朗，将工作又朝前推进。

由此可见，伊藤在业务领域是个绝对的"狠角儿"。毅然暗自庆幸加贺主管将伊藤指派为自己的师傅，因为严师出高徒，自己要在公司立足站稳，做伊藤的徒弟显然是最佳选项。

但是毅然后来发现，不知为什么，师傅伊藤对公司业务似乎并不上心，常常在上班时间不知去向。一周时间很快过去，这让毅然不免暗暗心急。因为方案提交是有时间限制的，如果不能在剩下的半个月内拿出让客户认可的方案，必然会波及公司对毅然能力和业绩的评价。那么，如果文案滞后，责任该由谁来负责？

如果说由伊藤负责，文案是由毅然主笔的；如果说由毅然负责，他在该项工作中的位置又只是伊藤的徒弟。在等级森严、论资排辈的日本职场，如果师傅消极，作为徒弟的毅然能够越俎代庖、僭越师傅的位置去和客户对接和洽谈吗？

偏偏在这时候，部门主管加贺找到毅然说："毅然君主笔的文案进展如何了？如果能顺利完成这单业务，您也可以早点结束试用期，很快转正啦。"

毅然知道，加贺的意思是，这次的文案主笔是公司在转正前夕给他的最后一道"试题"，必须按时交卷。看看只剩下不到两周时间，他只得去求师傅伊藤，让他带着自己尽快推进业务。伊藤踱着方步，不紧不慢地走到墙边，看着墙上的挂历端详了半天，老滋老味地说："时间还早，急什么。"

"可是，"毅然小声提醒师傅，"时间已经过去三分之一了。"

"毅然君，"伊藤说，"可以先收集些背景资料嘛。"

毅然连忙向师傅递上自己已经收集和整理好的背景资料。没想到伊藤连接都不接，更别说看了。他只是用吩咐的语气对毅然道："继续搜集整理。"

毅然感到很困扰，师傅并不看他收集和整理好的背景资料，是他做的资料数量不够还是质量不行？他不看怎么会知道资料有质或量的问题？师傅说的"继续收集整理"，如果单从字面上理解，似乎不是指质量而是指数量了，但是，也不一定。

因为从管理学角度理解，把握问题的核心往往不能仅从数量上着眼，而应从质量上着手。再说，"继续收集"是一回事儿，"继续整理"又是另一回事儿。师傅那句貌似简单的话，实际上包含了质与量两个维度，就看你如何做重心的选择性倾斜了。毅然暗自决定，不再"继续收集"资料，而是在现有基础上"继续整理"资料，即找出客户以往所认同的文案设计方面的预算尺度和专业特征，看看是否可以发现新的突破口。

师傅并未领进门，修行全得靠个人。毅然深刻体会到职场的竞争是如此残酷，他的内心开始变得坚强。时间又过去了一周。此间段毅然又逼着自己通过其他渠道，不断了解、理解和把握客户方的要求，并进一步摸清意图，自主整合文案框架，提出文案逻辑思路，将提纲细化到三级标题。他将文案打印出来交给师傅伊藤，伊藤接过去简单翻了翻。毅然恳切地望着师傅伊藤，盼望他能提些具体意见。

但是，伊藤没有提出任何意见，却对徒弟说："我要出差几天，最近不要联系我。"

毅然觉得心里有个东西沉下去了。他走出师傅的办公室，觉得欲哭无泪。看来，什么人都靠不住，只能靠自己了。

偏偏那些日子里，他还要对抗楼上邻居每天深夜砸墙砸地，让毅然经历了工作后的至暗时刻。交稿时间越来越近，毅然听说师傅终于出现在公司的部门里，立即打印好文案，送到伊藤办公室，用恳求的口吻说："师傅，时间只剩下三天了。请您务必审看一下。"

伊藤接过文案说："毅然君，辛苦了。"就没了下文，毅然只得离开了办公室。

几天后，部门主管加贺告诉毅然，文案送到客户后，对方完全认可，获得了肯定性评价，也就是说，公司把项目顺利拿到手了。

"毅然君，文案的业绩归您。"加贺说，"但是项目到手的功劳，归你的师傅伊藤。"

毅然并不明白主管口中的"业绩"和"功劳"的区别，听说客户认可文案，公司拿下项目，也就松了一口气。后来，部门里其他同事告诉毅然，说主管加贺和他师傅伊藤在部门会议上产生了激烈争论，争论的内容由毅然的文案开始，旁及他的转正问题，最后伊藤竟然将加贺推倒在地，扬长而去。

毅然很吃惊，请同事为他细述现场情况。同事表示不便细说，但可以发一份他记下的会议记录原始文本的电子版给他。

正是在那份足够详细的电子文本里，毅然对加贺和伊藤的印象来了个彻底改变。

原来，师傅伊藤将毅然撰写的文案提交到部门会议上讨论后，加贺看后表示文案的预算部分存在问题，认为需要修改，不可送给客户。伊藤表示不必修改，说他也看了，实际上并无不妥；反而是最近公司低利润运行的问题必须重视，说毅然在文案中不过是为公司营利多争取了一点利润空间。

加贺说正是争取的那一点空间，很可能会使公司方案在竞争中处于劣势，导致失去那单业务；伊藤则说真正合理科学的方案，不是在竞争中匍匐在地，做得利润归零以讨好客户，而是要用方案中的设计亮点去赢得客户。

加贺便讥讽说他没有看出一个入职不过半年的新人做的方案,亮点在哪里。正是他的那句听上去有些轻佻的讥讽,让伊藤忽然怒火中烧,指着文案中的一段文字,让加贺看了再说。

加贺看了,依然不认输、不服软。伊藤忽然拍了桌子,说那是他在文案中唯一修改的一段文字,只要是他伊藤贡献的金点子,客户不会不点赞;并说加贺对外国入职者实在太狠,毅然入职刚过半年,就在接手的第一个方案中为公司利益积极建言,实属难能可贵,接着责问加贺为什么要扣压毅然的转正通知,迟迟不予公布?……

加贺立即申斥伊藤泄露了部门机密;伊藤则怒斥加贺如此刁难外国人,说公司的胸怀什么时候已经变得这么狭小、公司真的还有未来吗?……

后面便再也没有出现伊藤发言的任何文字。估计随后便发生了师傅伊藤推倒主管加贺后扬长而去的事情。毅然看得心潮难平,甚至几度热泪盈眶。他没有想到的是师傅伊藤貌似并不关心他主笔的方案,实际上却是在锻炼他的能力,用"置之死地而后生"的方式在逼他独立胜任工作。

毅然想,师傅伊藤很可能认为,对于他这个完成了大学院博士前期二年学习的人来说,主笔做业务方案的难度并非高不可及。当然,师傅的"控制"工作做得非常好,一方面,把充足的时间留给毅然发挥;另一方面,他并非不为毅然托底,在文本提交前三天及时纠偏,暗里在文本关键处给徒弟文案增加亮点,以便求得客户认可,便是明证。

真正让毅然吃惊的是,他本以为自己的转正没有下来是公司在走流程，实际上不过是加贺做小动作扣压了他的转正通知，无端挤兑外国入职者罢了。令他感动的是，对真相洞若观火的师傅伊藤出于义愤，不惜与加贺冲突起来也要为毅然出头。想到这里，他对伊藤外冷内热的性格不免感喟，觉得自己在日本职场能够碰到像伊藤这样的师傅，实在是三生有幸。

巧的是，那天晚上毅然在和国内的父母视频时，父亲给他传过消息，问他愿不愿回国到高校发展；具体来说，就是到中理大学管理学院谋个教职。父亲说他看了人事处通知，招聘专任教师的资质条件注明的是"研究生学历"，说他条件正好吻合。

刚刚看完了部门会议原始记录文字中那场冲突的毅然，不禁陷入了沉思。

---------- TIPS：管理基本工作中的"控制" ----------

计划、组织、领导、控制和创新是管理的基本工作；控制位于较为靠后的位置，是为了保证组织目标实现而存在的。"控制"要求我们不能放任工作自流，需要对工作进展时刻保持关注，确立衡量工作状况的标准（如时间、金钱、人员等），监督分析是否出现偏离计划的情况，并进行偏差纠正、得失评估工作。如果不进行控制，即使计划良好、组织有力，也有可能无法达到预期目标。因此，"控制"紧承计划、组织和领导，成为管理的重要基本工作。

15　何时放大招

——"人际沟通"的技巧与方法

乔林带领的"糖豆闪电"小分队，准备最后冲击"童乐"饮料营销大赛的项目答辩。之前，乔林请毅然给他们小队讲解了如何做商务型 PPT。三天之后，乔林再次召集小分队成员，并请毅然指导他们如何进行答辩演讲。

毅然仔细审查了一遍 PPT，发现他的修改意见基本都得到了贯彻，点头表示认可："各位辛苦了。答辩演讲做过练习了吧？现在来一遍。"

乔林招呼了一下朱小祎和万晓飞，三人走上讲台准备开始讲解 PPT，这是队长乔林精心挑选的阵容。他自己自不必说，在加入校学生会外联部后对演讲已经胸中有数；朱小祎入选，是因为那次入党推优中表现出来的演讲素质，让乔林很欣赏；而万晓飞入选，据乔林自己说，是为了凑人数。

万晓飞本人倒是一脸无所谓的样子，本来就是来支持一下好朋友乔林，再加上死党曹德坤也加入了，没有不参加的道理。而且实际做项目的时候，万晓飞一直是得过且过，唯乔林马首是瞻，既不消极怠工,也不冲锋在前。所以整个比赛中最放松的就是他了,万事不上心。

三人在讲台上一字排开,准备讲解PPT。这时,毅然看到他们各自从衣服口袋里掏出一张纸后展开。其实,这倒也没有出乎他的意料,只不过是他最不希望看到的情景。

"停。"毅然制止后,问他们,"你们拿纸出来,该不会是想照着念吧?"

"因为要讲的内容比较多,还涉及一些数据。我们想尽量不出错,所以就写了稿子。"乔林没想到演讲还没开始就结束了,不太自信地说,"我听学姐说,念稿子也是可以的。"

"全部脱稿。演讲时看稿子,效果都会打折扣。"毅然反驳了乔林,他明白乔林并不是为了偷懒才这么做,他只是对这类答辩演讲没有概念。"你说的那些困难我们都可以克服。学长学姐也不是什么都有道理。你自己觉得呢?演讲时念稿子好,还是脱稿演讲好?"

"演讲当然是脱稿最好。"乔林下意识地回答道。

"那如果咱们念稿子,而其他队脱稿演讲,"毅然追问道,"咱们还怎么拿分?"

"我明白了。"乔林明白了毅然的意思,低头解释道,"我只是担心,到时候记不全要说的内容,影响了最终成绩。"

"所以,我要教给你新的练习方法。这也是我在这里的意义。"毅然见已经达成共识,接着说,"其实不光不能念稿,稿子本身都不应该存在。因为你一旦写了稿子,演讲时就会开始回忆,开始比较自己说了哪些,漏了哪些,这样只会让你焦灼。所以,最好一开始就不要准备稿子。"

"如果事先不准备好内容,"朱小祎听了毅然的解释后,问,"我们怎么确定说什么呢？"

她是做事认真的性格，凡事都会做好万全的准备，突然听说不准备稿子了，一时间就感到有些手足无措。

"不是有 PPT 吗？上面已经有了你需要的所有提示。"毅然让万晓飞把 PPT 放到第一页。"现在就可以试一下，来，把第一页的内容讲一下。"

PPT 的内容是同学们在操场打球的大幅照片，前景中的一位同学拿起一瓶"童乐"汽水猛喝起来，看上去很过瘾。PPT 的大意是，"童乐"饮料很受学生欢迎，大家喜欢在打球时喝，应该是明证。

但是乔林和朱小祎你看看我，我看看你。

"呃……"乔林先开了口。毕竟他是队长，又是男生，只好圆场缓解尴尬，"这页 PPT 我们原本是想说什么来着？"

朱小祎没有说话。反而是万晓飞有点儿不解，接话道，"不就是说'童乐'受欢迎嘛。看一眼 PPT 就知道了呀。"

"PPT 的内容我当然知道。"乔林斜了他一眼说，"只不过我们原本是设计好开场白的。应该是'炎炎夏日，童乐……'之类的。我这不是还没背熟嘛。"

乔林当然知道这页 PPT 的大致意思，只不过一时忘记了设计好的台词，让他语塞了。

"万晓飞是对的。设计好的台词都有忘记的可能。所以不如记住大意，现场发挥。"毅然对乔林说道，"这张照片有很强的视觉冲击力，选得不错。如果是你按照自己的一贯风格，会怎么讲解这张图片？"

"嗯……请大家看这张照片，这是中理大学操场上每天发生的场景，大家一定对这位同学正在喝的饮料不陌生吧？没错，就是'童乐'！打完球出了一身汗，这时候还有什么比猛灌一口'童乐'汽水更让人开心的事情吗？简直太爽了！"乔林没有稿子，于是抛弃了"炎炎夏日"，索性放开，想怎么说就怎么说。

"不是挺好的？感情丰富，也很有激情。"毅然听了觉得不错，其实比起"炎炎夏日"，他更喜欢乔林的即兴发挥。

"是不错。"朱小祎也表达了她的看法。

"我现在是讲出来了，但是我怕到时候上场忘词了，或者说的和这个不一样怎么办？"乔林适时表达了自己的担忧，其实讲好一次对他来说并不难，他担心的是当天现场的状况。毕竟"糖豆闪电"小分队走到今天不容易，前期基础打得不错，他害怕最终答辩失误使一切的努力功亏一篑。

"不用担心。"毅然理解乔林的担忧，说，"我现在就来告诉你方法。"

其实那样的担忧他自己也经历过，当年他在日本那家管理咨询公司工作时，刚进公司就要培训三个月，且培训的一个重头戏就是演讲。

那三个月里，公司并不需要毅然承担任何实质性的工作，与其说是去上班，不如说是去上课。除了培训时经常要当众表达自己的观点，公司还安排所有新人在三个月里经历六次大型的演讲考核；最后一次大考时，甚至公司的高管或者项目负责人都要到场观看。当然，他们到场也是为挑选新人进入项目做考察。

既然关系到培训后的工作去处，每位新人自然无比重视、认真准备。但是毅然发现越是努力背稿，演讲效果越是一般。他求助于演讲理论与实践都极其丰富的父亲，该如何准备发言稿，就像现在的乔林；而他的父亲表示，做好这件事情的诀窍不在于事先写稿、背稿，只要在练习处用力即可。

毅然把思绪从以前的经历拉回来，把他从父亲那里学到的和自己的心得教给了乔林。

"勇敢开口，真诚说话，"他鼓励道，"不要背稿，就像刚才那样，随口说出就行；说不下去了，就停下想想，想到了就接着说。这里的关键是练习的次数。不是背稿后练几遍就好，觉得自己背熟了就行；而是不停地、重复地讲，讲十遍、二十遍……如果真能讲个二十遍，你不看PPT都知道该说什么。你可能觉得二十遍有点多，但是每次十分钟，二十遍也不过就是一个下午的事情。为了这个大赛，一个下午不值得么？"

乔林和朱小祎又一次你看看我，我看看你，他们本以为能听到什么精彩的、高深的、秘籍级别的练习方法，没想到指导老师毅然说出的方法，竟然……好像有那么点，平淡无奇？

"你们去试一下就知道，绝对好用。"毅然看出了他们的想法，"老师就是这么走过来的。"

其实毅然压下了另一句话，那就是他自己刚听到这个方法时，也有些将信将疑，不过事实证明，确实有效。

"好的老师，那我们去练它个二十遍。"乔林回应道，"如果真能脱稿，那我们的竞争力一定更强。"

"好，那么下面的问题就是开场的吸引力。"毅然沿着他的思路继续道，"这张照片选得不错，能够调动观众的情绪，情绪比起逻辑理论更能吸引听众的注意力。但是你刚才的说法，感觉没有亮点。打球间隙喝汽水这样的事情有些日常，不出奇。兵法有云：'以正合，以奇胜。'真正要取胜，还是要出奇招。"

"那怎么个'以奇胜'呢？"万晓飞问道，"我觉得这张照片已经挺有意思了。"

因为照片是他找的，他喜欢打球，经常打完球就来一瓶汽水解渴。虽然不一定每次都喝"童乐"汽水，但一说到汽水饮料，他迅速就想到了这个场景。

"有意思，但不够新奇。演讲是人际沟通，除了要勇敢开口、真诚开口，还要善于创造氛围，吸引听众。"毅然想了想，继续说，"我可以举个例子，但是不一定就好，比如我们可以这样说：'我喜欢打球，有一次去球场，遇到一位同学，他想和我单挑。他看上去特别嚣张，于是我想，打就打，有什么了不起。谁知道，我连输了三场。这时候他对我说，你知道你为什么打不过我吗？'"

毅然看着认真听他讲故事的同学们，把问题抛了出来，实际上，那个问题也是抛给观众或评委的。

"该不会是……"万晓飞人聪明，马上就反应过来了，"是因为他喝了'童乐'汽水吧？"

"对啊，可不就是。"毅然笑笑说道，"你说气不气人。"

万晓飞摸着头，一时愣在那里。虽说他觉得毅然的故事有点儿奇葩，但是不可否认，刚才他确实想了一下"为什么打不赢"。

"给你们的演讲时间，永远不会超过十分钟。"毅然看着大家都有些笑意，估计自己的故事还是有效果，接着解释道，"何时放大招？一开始！或者故事抓人，或者问题导入，必须有悬念，这就是大招！只有这样，才能把观众和评委的注意力，调动起来，吸引过来。当然，我刚才只是举个例子，你们可以想更好的开场白。"

"好的，明白了，老师。"乔林领会毅然的想法后，迅速做了总结。"我们再去琢磨一下，看看有没有更有意思的开场白。"

"好的，下面我就看你们演练两遍，不用在意演讲的流畅性，今天更多的是适应。"毅然吩咐说，"周应天和曹德坤，你们两位把手机拿出来，录下他们讲话时的样子。周应天录的时候，镜头推近一些，最好能把他们三人的表情都录进来；曹德坤退远一些，主要看三人的动作姿势、演讲与 PPT 播放的配合度。"

听到要录像，台上三人顿时又傻了一下。万晓飞率先扭捏起来，表示不适应。

"老师，录像就不用了吧。"他说，"怪不好意思的，我这个不用说话的人，都紧张起来了。"

"录像是为了让你们看看自己演讲时的状态。"毅然坚持道，"很多细节的小动作稍纵即逝，自己可能都意识不到，但是台下的人看得清清楚楚。所以为了能纠正演讲时的不良习惯，录像是很有必要的，慢慢适应就好了。"

毅然当然不会因为万晓飞的反对而放弃，他要做的事情都不是随意为之，而是有实际用处的。三个演讲者只得答应。当手机架起来的时候，即使是经常上台说话的乔林，多少也有些尴尬。不过他左右一想，恐怕当天现场会更让人紧张和拘束，就强行忍了下来。

毅然看着他们练习一遍后，就让三人下来看视频。视频中，乔林表现还算正常，即使有些语塞的时候，依然能保持正视观众，展示阳光自信的一面。但是大家都发现朱小祎讲话时眼神有时会游移不定，还会低头。朱小祎看了以后，也有些不好意思，她说自己不太喜欢盯着别人看，一是感觉害羞，二是觉得不太礼貌。

"嗯，"毅然说，"你的说法有一定道理。"

他没有否定朱小祎，因为朱小祎的说法有个人心理原因，但问题必须解决，起码不能让台下的听众觉得朱小祎怯场。

"演讲的时候，需要我们抓住听众的注意力。"毅然说，"而一个比较好的方法，就是让他们觉得你在看他。这个时候就需要用眼睛抓人。"

"那我也没办法一直盯着一个人看呀。那天应该会来许多人吧。"朱小祎问道，"那种情况下，该怎么办呢？"

"一个比较好的方法是，你把目光投放到会场后半部分一点，不用实际盯着谁看，目光虚一点，并且慢慢来回扫视，就会让人们觉得你在看他们。"毅然结合自己讲课时的心得说，"至于你担心会害羞，可以看着对方双眼和鼻尖之间的三角形地带。那是人脸的中间部分，看那里既不会和对方眼睛对上，又能让人觉得你在看他。"

说着，毅然示意朱小祎可以现场试验一下。于是，朱小祎就转头看着乔林，也看不出是不是按照毅然说的，盯着乔林的鼻梁中间。但是她一直看着，没有移开视线的打算，这让乔林感觉有些发毛。

"行行行，差不多就行了。"乔林赶紧说道，"我都被你盯怕了。"

听了乔林的话，朱小祎才改变视线方向，笑嘻嘻地对毅然说："老师，真的可以哎，我其实也没有盯着乔林的眼睛看。"

"对，当天你们都可以这样做，确保听众觉得你们在看他们，演讲效果会好不少。"毅然强调说，"介绍项目就是得这样，得放大招，才能吸引别人。"

接着，毅然又针对内容提了一些具体建议，就留下他们自己练习了。

不久，大赛答辩结束。乔林离场后，便给毅然打了电话，报告了答辩的情况。三人各有上佳表现。乔林本人发挥稳定，带领小队展示研究报告和销售成果；朱小祎讲得也很好，并说自己经过大赛答辩，以后上台讲话再也不会有恐惧心理，与人交往也会更加自信。倒是万晓飞，一开始忘记带U盘，好在乔林在微信里备了一份；但在答辩过程中，他意外地回答出一个大家都回答不了的问题，成了全队的小救星，展现了和他性格一样闹腾的实力。最终，"糖豆闪电"小分队获得了中理大学全校三等奖。

乔林向毅然说，他已经非常满足了，毕竟他们是一群大一新生，在这个过程中既锻炼了能力，又结交了朋友，最后还获得了奖项，可以说是很圆满了。他同时感谢了毅然，表示如果以后再参加比赛，还希望他能做他们的指导老师。

毅然对乔林表示了祝贺，并答应以后还会做他们的指导老师。其实在指导"糖豆闪电"小组参赛这件事情上，他同样感觉充满了美好的大学生活大概就是这样吧。

―――――――― TIPS：人际沟通 ――――――――

"人际沟通"在管理实践中运用十分广泛，其优点是反馈及时形成双向沟通，可以同时使用语言和非语言沟通（如表情、肢体动作等）提高沟通效率。而演讲时如果念稿，则会使演讲者的注意力放在文稿上，无法向听众传递表情、动作等非语言信息，并且由于看稿无法观察听众反应而得不到反馈，难以随机应变，使双向沟通变为没有反馈的单向沟通，继而导致听众转移注意力变成无效沟通，有百害而无一利。

16　今天你自律了吗

——"控制标准"

过了中秋节，转眼就是十月中旬。钱塘江畔的中理大学一派秋色。虽然香樟树依旧郁郁葱葱，但银杏叶已经沐秋见黄，小西湖畔的莆苇与芒草也开始吐穗，点染出丝丝秋意。

这一天，毅然接到专业主管通知，说指导学生毕业论文的工作开始了，需要每位老师给几个选题方向，然后与学生双向选择。毅然根据自己的教学与研究方向，结合实际工作经验，提出了涉及品牌传播、战略管理等几个方向的选题，供学生参考。

选题通知发下去不久，便有十来个学生联系毅然，希望他能担任自己的毕业论文指导老师。毅然觉得以他当时的教学与科研工作强度，要指导好学生的毕业论文，人数不能多，最多可以带三人。他接受了最初申请的三个，婉拒了后来联系他的七八个学生。

几天以后，毅然在他的办公室和三个学生见了面。一个男生，叫方冠海；两个女生，分别叫胡沐云、俞紫馨。刚刚接触，他们并没有让人特别注意的地方。倒是隔壁办公室的指导老师也在当天和学生见面，毅然瞥见一个染着一头红发的学生走进去。那种红色的饱和度非常高，让你没法不注意，却又难以直视，红亮得有些扎眼。毅然不禁想，虽说人不可貌相，但这样打扮自己，不知道会在毕业论文上花多少工夫呢？

由于已经在高校工作了一段时间，毅然对于当下学生的心理特征多少有些把握。不少学生适应了当前教育模式中做题考试的形式，习惯于老师布置具体的任务而不是给予方向性的指导。但是这在毕业论文的撰写中便行不通。因为论文需要考虑创新性，这就意味着需要学生根据社会发展的最新状况，结合前沿理论，寻找研究的领域和方向，同时意味着需要学生更加主动地思考而不是被动地等待指令。

所以，毅然把他指导的三个学生都叫过来，就是为了给他们讲明白这个道理。他们次年就要踏入社会，自那以后，他们面临的将不再是"试题"，而是复杂多变的现实环境。

"各位，现在开始，我们就要进入毕业论文撰写季了。"毅然对三个学生说，"毕业论文是每个大学生应该掌握的进行科学研究后的成果形式。所以现在，大家不再是单纯听课的学生；从某种意义上可以说，你们都是探索人类未知领域的研究者。"

三个学生听了，面面相觑，然后充满好奇地看向毅然，好像对指导老师给予他们的新命名不太适应，彼此间忽然不认识，需要重新打量一下才能确认似的。毅然对他们的反应神情未予置评，继续说："科研的路上，会有很多困难，因为是探索未知，所以难免会失败或者走弯路，希望大家打起精神，加倍努力，不怕困难，稳扎稳打，出色地完成关于毕业论文的科学研究，为自己的大学生涯画上圆满的句号。"

也许是刚刚开始接触毕业论文，又是一件非常重要的事情，三位同学听得都很认真，两眼放光，毅然可以感到他们的心中甚至有一点点小激动。他觉得这个势头不错，决定当天就让大家做点什么。

"稍后我会把论文任务书发给大家。请大家围绕自己的选题，查找二十篇左右的论文参考文献。"毅然看着面前的三人，问道，"文献在知网上可以找到。大家都会用知网吧？"

"老师，知网是什么？"方冠海突然举手，大大咧咧地问，引来身旁两名女生的微微一笑。方冠海曾经选修过毅然主讲的课程，所以毅然有一点印象。他在课堂上的表现比较随意，万事不上心，但人品不错，对毅然也比较尊重。

"知网是我们国家比较权威的学术论文收录平台，在上面可以下载你写论文需要的参考文献。"毅然认真回答道。虽然他觉得可能会有同学问这个问题，可是没想到这么快就遇到了。"具体操作流程可以到学校图书馆咨询。图书馆有定期培训如何使用知网，师生都可以参加。"

"好的，老师。我去学习一下。"方冠海一点也没有在意两个女生的微笑，对指导老师的正面回答表示满意。他对两个女生同样报以微笑——不懂就问嘛，我这不是已经搞懂了？

"请大家注意，这二十篇文献也不是随便找的。"毅然跟着补充道，"刊登论文的杂志，最好属于'核心期刊'。"

"什么是'核心期刊'，老师？"这回轮到那两个女生中的俞紫馨发问了。

"'核心期刊'有多个版本，北京大学出具的比较有名，很多高校都采信了。"毅然解释道,"大致意思是杂志的学术性比较权威、文章质量也比较高的期刊。参考'核心期刊'中的文献,会提高你们的论文质量。"

"杂志还分级别?"胡沐云问,"只要是公开出版发行的,不就行了?"

"你说的,理论上没有问题。"毅然笑着说,"但是,有些杂志之所以沦为'普通杂志',就是因为它发文章要求不高,学术性不强,文章质量低劣。那样的文章看多了,久而久之,反而会让人不知道什么是好文章了。"

三个学生都点头表示明白,毅然对他们要查找的文献作者、篇名、杂志刊期以及下载 PDF 的格式提了些具体要求,又建立了毕业论文微信群,便散了会。

过了几天,三个学生陆续提交了一份论文电子文本名单。毅然粗略地看了一下,基本上是有一定质量的学术论文,又挑了几篇在知网上搜索了一下,发现都是核心期刊上的文章,于是放心地布置下了一个任务——"接下来,就需要大家认真阅读这二十篇文献,以此加深对选题的理解。大家阅读这些论文时,要做笔记,主要整理一下它们的研究背景、研究方法、使用的理论和模型以及结论。这些论文也将是大家以后撰写毕业论文的参考文献。所以,如果只是找了,却没看,或者没看懂,都会影响后续的进程;如果在阅读过程中遇到不理解的问题,可以来问我;如果觉得和自己的论文选题不匹配,也可以查找替换新的文献。给大家两周时间,把文献总结写好发我。"

两周之后,毅然收到了两份文献总结和一个延期告知。方冠海和胡沐云倒是交了，而俞紫馨却发微信信息对毅然说："老师，我正在准备考研，十二月就是笔试。现在忙于复习，不太有时间投入毕业论文里。不知道文献总结能不能等我笔试结束后再交？"

"好的。"毅然回复道，"加油，祝你考研成功！"

学生考研，当然是值得鼓励和支持的。大四的学生在写毕业论文时，经常被一些重要的事情打断进程；只要不对论文进度产生致命影响，从导师的角度来讲都会给予包容。

毅然估计，两篇交来的文献总结中，胡沐云会写得认真一些，所以先打开了胡沐云文献总结的电子文本。果然，她严格按照毅然的要求，从研究背景、研究方法到研究结论，一个不落地都总结了一遍。

再打开方冠海的文献总结，毅然发现他前面整理得还算齐整，但是越到后面越敷衍，显然没达到毅然所提的要求，于是给他打了一个电话："我看了你给我的总结，撰写文献总结的意思，相信你也理解了。但是看你越到后面越敷衍，一篇文献就总结成一句话。这是为什么？"

方冠海在电话那头沉默着。

毅然担心有什么隐情，所以暂时按捺住情绪说："有什么难处，和老师说。"

"不好意思老师，就是我做事情有点拖，这不是赶着要交嘛。"方冠海终于发出声音来，倒是很实诚，直接说明就是自己的原因。"后来时间紧了，就写得少了点。"

"做事情还是要稳扎稳打，实在没赶上可以跟我说，晚几天交。"毅然说，"但是敷衍养成习惯，人就会浮躁。努力都会有成果，但敷衍就可能毕不了业。你是管理系学生，做事情可以多依靠管理学原理。你还记得'控制'是管理学的基本工作吗？还有一个控制标准的知识点。根据你说的情况，你只采用了时间作为控制标准。如果无法达成目标，就需要增加一些其他的控制标准，比如章节、字数。除了我规定的最后时间期限，你得学会分解目标。制定每天写多少章节、写多少字，目标越清晰越细致，越能激励你前进。自控力一方面靠意志，另一方面也可以依靠管理工具来辅助自己进行控制，这是学过管理学的人应该擅长的。"

毅然说着说着，就有了点火气。虽然他不讨厌方冠海，但是他那总是一副无所谓的样子，就让毅然恨铁不成钢。如果是出现专业知识上的错误，可以纠正；但是态度上出问题，就不好纵容了。不然，前松后紧，以后会更麻烦。

"毕业论文不是为我写的，是你自己的劳动成果。"毅然加重语气说，"所以，还是希望你坚持我所说的原则，不要出半成品。"

"明白了，老师。"方冠海听出毅然声音有些大，估计是有点不高兴，也意识到问题的严重性。"我再去改改，这次一定认真总结。"

挂掉方冠海的电话，毅然又拨通了胡沐云的电话。他先对她写的文献总结提出表扬，她不仅严格按照老师规定的板块作了总结，而且排版精美，可见是在一个比较从容的状态下完成的。毕业论文是一个要横跨半年时间的系统工程，最怕的是一开始觉得时间多，最后却赶不及，非常考验学生的自我管理能力。毅然在胡沐云文献总结的基础上提出了新要求，她已经可以开始着手写文献综述了。

如果说之前的文献总结更多的是输入，那么文献综述则更多的是输出。文献综述要求在已经看过的文献的基础上，形成一定的逻辑和自己的观点，需要研究者对自己研究的领域，形成一定的认知。比如自己的研究领域处于一个什么样的时代背景；要阐明在这个时代背景下为什么自己的研究有意义；从学术研究和社会实践的角度，意义各在哪里；国内外的研究者们之前都做了哪些研究和探索；基于有限的二十篇文献，如何整理出一个领域已有研究的大致脉络；这二十篇文献是基于什么角度选择的，各自又有怎样的逻辑关系，是并列、因果，还是时间上的序列性关系；总结以上文献后，研究者认为应从什么角度继续进行研究比较妥当。可以看出，文献综述的撰写需要研究者思考很多。

在电话中，胡沐云一直在认真听讲，并不时会回应两声"好的，老师"。她说自己做了笔记，之后会好好花时间消化。这让毅然很是庆幸，接收了一位优秀的学生，确实省心省力。本以为指导完两个学生，可以空出来两周，但是当天下午毅然突然接到了专业主管的电话。

"毅然老师，"专业主管沈正在电话里问道，"您能再带两个毕业生吗？"

"学生不是都分配完了吗？"毅然考虑自己的实际情况，觉得不宜多带学生。"我觉得自己带三个学生正好，多了怕照顾不过来。"

"本来是分配好了。但是突然有一位老师离职了，这就空出来几个学生。"沈老师解释了一下情况。"刚好这两个学生的选题跟您的研究方向比较接近，其他老师要接手也比较困难。"

"原来如此，好的，那就交给我吧。"毅然听了沈老师说的情况，觉得好像确实是自己接手比较合适。"还好才刚开始,麻烦您让两个同学联系我一下,我马上开始指导。"

"没问题,您可帮了大忙啦。"听沈老师的声音也是有些焦急,估计没少为这件事费心,"这位老师还在上着课,这一走还得找老师中途接课,这两天我净忙活这事儿了。"

毅然挂断沈老师电话不久,就有两个学生来加他微信。毅然问他们是否已经开始写了,两人表示文献综述已经完成。这让毅然吃惊不小。他本来觉得自己的时间规划已经比较紧凑了,没想到这两个学生的导师效率更高。毅然随即向两人要来他们文献综述的电子文本。

一打开,就明白了。

原来两人的文献综述都仅对部分参考文献作了简单罗列,文献总结时也只是简单摘抄了几句原文观点,没有自己的整理,更谈不上行文逻辑。这样的文献综述,显然是不合格的。所以毅然告诉他们,他们现在的文献综述徒有形式,必须重做。

"那老师,文献综述到底该怎么做?"那两个学生通过微信几乎问了相同的问题。

毅然告诉他们,指导老师一般需要通过文献综述看出毕业生查阅了哪些文献以及计划研究的领域;相关领域有哪些是前人研究过了、观点是什么;在前人研究的基础上,毕业生打算从哪些角度切入继续此后的研究。把这些问题都搞清楚之后,再写开题报告的可行性分析,确定毕业论文的章节目录,以后的论文撰写才会进展顺利。而这些要求,两位同学写的文献综述都没能达到。

"这么多要求呀?原来的指导老师都没有说过这些。"一位同学听了毅然的要求，顿时有些发蒙，直接打电话来诉苦了。另一位同学更加着急，打来的电话带上了哭音："他还说我的文献综述已经可以了。"

"确实，写文献综述并不容易。"毅然坚持自己的想法。至少在他看来，那两个同学目前文献综述的成色是不行的，所以分别在电话里告诫他们，"但是，什么事情都是'万事开头难'，只有前面的功课做足了，才不至于走弯路、走错路。"

"好的，老师。"一个说。

"那我再去改改再给您看。"另一个说。

两位同学先后接受了毅然的要求，让他略感欣慰。接着，他又就一些具体的细节给出了意见。比如一位同学在写国外文献综述时，除了罗列多本国外书籍汉译本，最后的参考文献给出的也是汉译本的名字、作者、出版社等信息。毅然告诉他，为了保证论文的科学严谨，对于外文书籍的引用要求查阅原文。如果只看翻译过来的著作，如何保证翻译者的错误不会带进自己的论文？

又比如一位同学的文章里经常出现"啊""哦""呢"等语气词，甚至出现了一句抒发情绪的句子："时代真的是改变了啊！"毅然表示，论文应该秉持客观、公正、理性的原则和精神书写，情绪化的表述都需要避免。

还有一处的某个段落，长达二十行，也被毅然要求进行分段。因为虽然不是内容上的问题，但是行文反映出来的思维层次不清晰、论文的易读性不强，也是撰写者需要考虑的重要因素……

诸如此类的问题毅然提了不少。在他看来，这些都是文献综述撰写的基本要求或准则。

其中一位同学的态度自始至终平稳，也表示将积极修改；但另一位同学则不同，先是有些抵触，继而闷声不吭。不久，那个学生就向专业主管沈老师表示，打算换个论文题目和领域，顺便换个导师。毕竟是校方指导老师离职在先，沈老师也只好答应。但是，毅然觉得多少有些郁闷，因为他只是把自己治学的方法传授给学生，并没有刻意为难谁的意思。

"岂能尽如人意，但求无愧我心吧。"毅然看着手机里沈老师的信息，无奈地笑了笑。"毕竟课程太多，带四个学生的毕业论文也是不小的工作量，够忙活了。"

---------- TIPS："控制标准" ----------

控制是对组织日常工作进行监督、检查，纠正工作成果与计划偏离程度的一种管理行为。控制需要抓手，也就是所谓的控制标准，来确定当前状况是否偏离了计划。制订计划时，一般会制定时间、金钱、人员等数值目标，这些都可以作为控制的标准。根据控制标准与计划偏离的程度，管理者决定是否进行干预。控制标准越细越严格，越有利于管控组织计划的进展。但也要注意管理学"注重经济性"的原则，一味细化控制标准，可能会导致监督检查的时间、人力成本上升，员工工作束手束脚或疲于应付。

17　求变是不变的真理

——"创新思维"

冬天到了。学生期末考试，教师年终考评，高强度的大收官，让毅然来不及欣赏漫天飞舞的雪花。雪化了，春来了，开学后的各种忙碌又让毅然无暇体会吹面不寒的杨柳清风。

毅然收到方冠海、胡沐云发给他的文献综述，阅览后发现，多少都有点问题，特别是后期请他做指导老师的那个学生江晓佳，问题更多。好在经过毅然的指导，三人都做了反复修改，文献综述都达标了。除了俞紫馨因为考研，论文需要押后撰写，其他三位同学已经顺利进入开题报告撰写阶段。

此前，毅然觉得俞紫馨可以结合她考研的专业方向进行论文选题，便建议她考虑一下"中国影视文化产业人才"的方向。那时还是初冬，俞紫馨正焦虑于考研与毕业论文撰写的冲突，既怕写论文影响了考研复习，又怕考研迟滞了毕业论文撰写，最后影响成绩乃至如期毕业。当时听了毅然的建议，兴奋得差点尖叫。

"好的好的好的，老师。"俞紫馨一迭声地说，"就这么办。"

毅然想起当时的情景，觉得应该信任俞紫馨，便暂时没有催促她上交文献总结和综述。

他把方冠海、胡沐云和江晓佳叫到办公室，当面交流如何撰写开题报告。他觉得，当面交流的好处是，表情语言和肢体语言可以传递出更多的信息，更便于交流和沟通。他要让学生明白，如果说文献综述是对研究领域的梳理，是对研究大方向的思考，那么开题报告，则是要基本确立毕业论文的研究思路、框架以及模型了。

"现在各位要开始从找到的文献里，摸索出自己的研究逻辑和研究模型。"毅然看着三人讲解道，顺便观察三人的表情，"论文论文，这是一个论证的过程。简单来说，就是需要大家想清楚，关于各自的领域，你的观点是什么，以及怎么证明你是对的。"

毅然观察到，相对于胡沐云和新加入的江晓佳，方冠海明显不怎么淡定，眼神闪烁，不愿与毅然对视。

"方冠海，你好像有问题想问？"毅然决定先行发问，免得方冠海把问题带回去，自己再解决不了，最后不了了之。

"老师，就是我感觉自己没啥观点。"方冠海挠了挠头，笑了笑。胡沐云反正已经习惯了，倒是刚加入毅然指导学生队伍的江晓佳好奇地看了方冠海一眼。

"你的问题可以理解。"毅然一听，原来是这个问题，倒也是意料之中，便说，"可能整理了文献之后，就算对自己研究的领域有了一定了解，但是突然说要拿观点，还是有些拘谨。这没关系，既然你提出来了，那我可以启发你几个思路。"

毅然知道，毕竟学生的悟性和思维方式存在差异，不是每个人都能很快形成自己的想法。

"首先，可以从问题出发。"毅然说，"很多文献都会针对其研究的行业提出现存问题，并阐述这些问题如何阻碍了行业发展。我们做研究，一方面是为了发展理论体系；另一方面是为了解决实际问题。在大家这个层面上，能够通过自己的研究提出一些解决实践问题的方法，并且有理有据，就是相当不错的论文了。"

方冠海听着，表现出若有所悟的样子；另外两个女生则直点头，表示完全听懂了。

"其次，大家已经看过一些论文了。"毅然故意顿了顿，以示重点在下面，才说，"每篇论文都会表达作者的观点。这些观点中，肯定有你觉得有道理的，也有你觉得不合理的。觉得有道理的，我们可以换个研究对象再论证一下，看看这个观点是不是同样成立，这叫证实；觉得不合理的，我们可以经过论证，证明它是不妥的，这叫证伪。当然，证伪之后，最好给出自己认为合理的观点，并且证明我们是对的。就这样，也可以总结出属于自己的研究思路。"

毅然看到三个学生完全听进去了，觉得自己的建议对他们的学理思维可能真的有所启发。

"再次，"毅然说，"因为很多论文都在结尾写明了自己研究的不足，并指出了今后的研究方向。正好提供给后来者借力。"

"是啊，我怎么没想到？"方冠海摸着自己的头，恍然大悟地说。

"但是这种方法，并不是很容易借上力的。"毅然笑着说，"如果写那篇文章的学者尚且没有能力解决他所说的不足，那就可能真是个学术难点了。"

"我最愿意帮人解决难题了。"方冠海说，"我喜欢站在巨人的肩膀上，指引他们前进的方向。"

"嗯，前提是，你得有能力先爬上巨人的肩膀。"毅然笑，"我刚才说的，仅供大家参考。说了这么多，其实是告诉各位，要怎么才能有自己的研究思路和观点。"

毅然说罢，看向方冠海，示意他说一下。

"是不是说，得多问老师问题？"方冠海犹豫了一下，用询问的口吻给出了自己的想法。

"不是。是要多读论文、仔细读论文。"毅然说，"古人云，'读书破万卷，下笔如有神'，都不是骗人的。"

方冠海不好意思地笑了。毅然知道，方冠海的想法虽然有些好笑，但也有一点道理。他补充道："当然方冠海说的也没有错，如果大家觉得有什么不明白的，可以随时来问我。当然自己要先查查资料、研究研究，实在搞不明白了再来问。要努力锻炼自己解决问题的能力。"

说过形成观点的思路后，毅然又将做毕业论文更重要的环节提出来，要三位同学思考。

"除了凝练研究思路，在开题报告阶段还需要敲定论文大纲，也就是各章节的目录。"毅然说，"有了大纲，我们才好按部就班地写下去。并且这些研究思路、模型和大纲也是开题报告答辩时，其他老师判断我们的论文是否具有可行性的依据，所以一定要认真对待。当然，之后的章节目录还可以进行微调，但是我们一般希望能一次搞定。开题报告给大家三周的时间，写好了给我看看。"

听完毅然的讲解，同学们陆续离开了办公室。这时候，毅然接到俞紫馨的微信信息——

"老师，我考虑来考虑去，觉得原来的论文题目范围太大，打算不再提'中国影视文化产业人才'，而是从影视文化产业角度出发，对短视频人才发展进行策略探析。您看可以吗？"

"当然可以，我本来给出的就是你选题的大致方向和范畴。"毅然当即回复道，"我非常希望你通过阅读文献，找到自己想要研究的领域。只要你觉得有研究意义，也有研究的兴趣，框架内调整都是可以的。"

毅然很高兴俞紫馨能有自己的想法。因为进入中理大学任教以来，他觉得太多的学生习惯于被动接受，甚至不接受，缺乏主动思考能力，而这在踏入社会后会成为他们的发展桎梏。

俞紫馨又发来一条信息："那老师，我还想加个副标题——'以短视频对城市形象传播力为标准'。"

"这……且不说合适不合适，逻辑上就有点绕啊。"毅然看到信息的第一反应，就是恐怕有点困难，但是他还是想看看俞紫馨是怎么想的，于是回复道："你为什么打算这样研究？可以给我说下你的研究思路吗？"

"我从收集的资料里了解到，短视频是影视文化产业发展出的一种新形态。"俞紫馨回复道，"我本人也比较喜欢刷短视频，就想从影视文化产业角度研究一下'短视频人才'的培养问题。然后我还看到一篇文章，谈到短视频对城市形象建设方面的作用。我把这篇文章发给您看一看。"

"叮"的一声，毅然微信里便接收到了一篇文章。他打开一看，是一篇报纸上的评论，大致意思是短视频对传播城市民风民俗、打造城市品牌、提升城市影响力有一定作用，因此也特别需要这方面的人才加入行业。这篇文章的观点本身没有问题，但是沿着这个观点写成学术论文就会产生不少问题，于是毅然发了一段很长的微信信息给俞紫馨。

首先，他肯定了俞紫馨积极思考的精神，说她的想法也已经成形。可惜她参考的这篇文章属于评论型文章，不属于学术论文。这意味着作者只要说的有道理，就可以较为随意地在媒介上发表自己的观点，不需要严格论证。那些文章观点的正确性和科学性，大多依赖于作者在该领域积累的知识和经验。

但毕业论文属于学术论文，需要对观点进行严格论证。这个论证过程既是考验学生思维能力的过程，又是考查学生四年学习成果的过程。俞紫馨的研究思路涉及人力资源和传播学两大学科领域，论证的过程需要付出比别人多一倍的努力，并且论文最终可能变得两边都不靠近，内容容易松散。所以毅然不建议俞紫馨这样做。但是，短视频从业人才和城市形象传播力两条线中的任意一条，只要下功夫都可以写出一篇不错的论文。他建议俞紫馨再思考思考。

"好的，那我再想想。"俞紫馨回复道，"谢谢老师的指导。"

三周之后，毅然只拿到了胡沐云的开题报告。毅然觉得胡沐云确实非常优秀，不仅理解和执行力强，并且每次都能在规定时间内完成任务，而方冠海和江晓佳则没了音信。

毅然打电话给江晓佳询问进度，对方说还需要几天。其实时间肯定是充足的，论文答辩要到五月下旬才会进行，但是毅然希望大家能借着这个机会锻炼一下长期项目中自我管理的能力，所以在前期就进行了细致的时间规划。

毅然对江晓佳说，延后几天是没问题的，但是应该在期限到来之前告知指导老师，而不是等他联系了才说完不成。这是一个工作素养的问题，今后踏入社会工作也要注意，延期的事情一定要提前说。江晓佳表示下次一定注意，两人便结束了通话。

然后毅然再打电话给方冠海，就没有然后了。因为方冠海压根就没接。毅然只得先看胡沐云的开题报告。

胡沐云的报告本身问题不大，该考虑的她都考虑到了。即使是首行缩进2字符这样的格式问题，她也注意到了。别看只是一个小细节，能坚持完善细节的人并不多。比如江晓佳的文献综述，就没有进行每段的缩进，所以毅然乍一看特别别扭。经过毅然的提醒，江晓佳才改正。

而方冠海不仅文字首行不缩进，还经常出现两段中间空了许多行的现象。隔着屏幕毅然都能感受到，方冠海写完一段文字后猛敲回车键的焦躁情绪。

但胡沐云毕竟还是学生，对论文难免有理解不到位的地方。毅然发现，由于胡沐云前期文献搜寻工作做得比较好，她找到一篇与自己的研究方向非常相近的论文，并且这篇论文行文和论证都非常规范，因此胡沐云就照着这篇论文设计了自己的研究模型。这一点让毅然有点担心。因为这种事情往重里说，可能构成学术不端，是非常严重的问题。

"胡沐云，你的开题报告写得不错，把我和你讲的重点都注意到了。"毅然拨通了胡沐云的电话，把他的想法告诉了她。"现在就是有一个问题，你重点参考的那篇文献，咱们不能照搬人家的研究模型。科学研究的灵魂是要创新。虽然你的论文和这篇论文的研究方向非常接近，但我们还是要在它的框架模型内'创新'。你再好好思考一下，比如他的研究模型还有哪些不足。如果自己想不到，可以再查阅一些文献，看看类似的研究与这篇文章的研究有什么不同，然后对它的模型进行一些改进。只有这样，才能写成一篇合格的毕业论文。"

毅然指出了几条修改模型的思路，胡沐云听后表示明白，并会去继续修改。这倒让毅然觉得不必再多说什么，很是省心。

转眼间，到了莺飞草长的三月。毅然指导的四个学生，陆续都完成了开题报告。他让他们精练研究思路，做成PPT，准备开题答辩。对于他们通过答辩，毅然很有信心。看着自己指导的学生不断推进论文进度，毅然也感觉心里痒痒的。如果说大学教师的职业生涯是教学和科研的双轮驱动，那么毅然自己，是不是也要在完成那个倒计时的横向课题后，开始把一直以来研究的几个选题思路，做成论文了？

但是，由于支持俞紫馨考研，毅然在后期为她付出了时间代价，忙得够呛。因为在全国统考线出台后，他要三个月左右的时间里，加班加点指导俞紫馨走完毕业论文全过程——从文献总结到综述，从提纲确定到初稿、二稿、三稿和定稿。毅然不得不在教学、科研和指导学生毕业论文之间来回切换思维系统。加以手中做的横向课题项目也进入了倒计时，他发现时间过得飞快，经常感觉眨眼就是一周，月初很快便到了月末，不知不觉一个学期就过半了，进入了六月初的毕业论文答辩。

好在毅然辛苦指导的四个学生的毕业论文，全部顺利通过答辩。俞紫馨成绩获"优"，胡沐云和江晓佳为"良"，唯方冠海被评为"中"。不过他感到很满意，说比起预期的"及格"，已经是烧了高香。

"祝贺你们呀。"毅然听他们报告了最终成绩后，高兴地说，"没有呛水的，全部上了岸。"

虽然毅然在答辩后就知道了他指导的四个学生的成绩情况，但在学院毕业论文委员会主席——也就是院长没有签字之前，成绩信息是保密的。如今成绩公布了，四个学生都很高兴，拉着毅然到管理学院文化墙前合影留念。毕业论文成绩得"优"的俞紫馨忽然从背后拿出一束花来，笑着献给毅然，让他感到有点儿猝不及防，又心生暖意。

合影结束后，俞紫馨悄声对毅然说，她考研过了国家线，虽然遗憾地没能进入心仪的大学，但是经过调剂，她已接到中原地区一所高校的研究生录取通知，九月初就要报到去了。

―――――――――― TIPS："创新思维" ――――――――――

"创新思维"在管理学和管理实践中，都是管理者要始终秉持的理念，是组织不断向前发展的生命线，无论怎样强调其重要性都不过分。在管理学中，不断研究新的管理问题，建立新的管理理论是学者们的不懈追求；在管理实践中，一个企业如果不在行业内积极创新，将导致竞争力不断下降，最终被市场淘汰。创新无处不在，新技术、新产品、新管理制度、新营销手法等，企业的各个领域皆可创新，进而打造差异化经营，并最终形成竞争优势。

18　细节决定成败

——"质量控制"

转眼间，毅然在高校任职已经有三个年头，完全适应了高校教师的工作生活。这一天，分管教学的副院长孙永江来到教室巡视，发现毅然正在上课，教室里却空无一人。他站在门口听了一会儿，见毅然充满激情，讲得绘声绘色，还不时板书，满意地点点头，又到另外的教室巡视去了。

孙永江副院长知道，毅然对着空旷的教室富有激情地讲课和板书，并非他精神不正常或学生全体翘课，而是由于新冠疫情。的确，自疫情暴发一年来，按照教育部"停课不停学"的要求，全国教育系统纷纷开展线上教学。本来，中理大学教务处已建立"中理教务在线"，有个BB平台，但为了适应疫情防控需要，又推荐教师们使用功能更加成熟的"钉钉"。这样一来，老师们既要在"中理教务在线"建设课程系统，又要使用"钉钉"作线上授课和录像，不免有些手忙脚乱。

教务处针对网课需求，抓住寒假末期的尾巴，在网上对教师作了线上教学技能培训，减少了可能出现的乱象。被封控在家里的教师要想不拖系所工作的后腿，就要在电脑上使用"钉钉"给学生授课、课后下载录像上传"中理教务在线"BB平台，这已经成为必备技能。

但是，线上授课对所有教师来说，都存在着时间控制、质量控制、行为控制和信息控制的问题。教务处认为，这虽然是新挑战，却并非新问题。因为早前电视大学的电化教育，便是以远程教学或空中课堂方式进行的，因此要求教师着眼细微，严格执行教学标准质量控制。

但对于普通高校某些"晕镜头"的老师来说，情形便有所不同。很多老师反映，电化教育远程教学面对的空中课堂中学生，依然是有组织的，都乖乖坐在课堂里；而高校在疫情期间的线上教学，学生是散落在全国各地的家里的。他们看得见老师，老师看不见他们，只能凭打卡或用语言信息提问来验证，教学管理好难。教务处重申要求：要加强管理，小处也不可随便！

老师们都轻松地接受了提醒。好在疫情缓解后，教育部要求各地适时复学、复课，非疫区的学生可以返校了，各地学校便开始要求老师进课堂开展线下教学。但由于疫区的学生仍被封控在家，线下与线上仍必须同步进行，即面对课堂学生授课的同时，还要通过"钉钉"进行线上直播，称为线上线下混合教学方式。

这样，教师进入课堂正常教学，并同时完成课程录制，下课后再将现场教学视频发到网上，以便让疫区的学生在线上同步学习或重温。这样的教学秩序貌似恢复了正常，实际上仍十分脆弱。

因为疫情后来出现反复时，到校上课的学生也被封控在宿舍，致使教师走进教室，教室却空空荡荡，而授课仍须照常进行，学生只能窝在宿舍线上听课。疫情暴发的前两年，几乎每所学校都出现了老师在教室上课而面前空无一人的奇葩现象。

教学从线下到线上形成的学生管控问题，对于教师来说，只是一个侧面；他们面临的自我管理问题，则是更大的挑战。很多老师对线上教学表现不适，无论是坐在家里对着电脑摄像头讲课，还是在教室里对着没有学生的空教室讲课，或感到滑稽，或感到茫然，找不到现场感，没法做到声情并茂，互动也受限制，吐槽的很多，偶尔也闹出教学事故。

毅然没有出现过教学事故，但碰到的具体情况也算棘手。疫情初期，他正在线上授课，忽然有个恶心的广告弹窗赫然出现在电脑画面上。按说毅然是装了杀毒软件的，该软件宣称可以过滤所有弹窗。但是，百密一疏的情况仍时有发生。那是一个治疗灰指甲的广告画面，一个指甲锈蚀的大脚趾扑面而来，令人避之不及。还有一次，弹出的是一个治疗骨质增生的广告，画面是膝盖骨鲜活剖面的特写，令人触目惊心。

毅然每次都以极快速度点击广告右上角的小"×"；有时有效，有时竟然无效。他很愤怒，反馈给学校网络技术中心；网络技术中心说已收到大量投诉，正在协同软件平台处理，不久可以推出屏蔽广告防火墙。

烦人的广告问题总算消停了，毅然又遇到新问题，就是住宅楼上层住户房屋装修，先是砸墙，然后是地面开凿电缆槽，接着是铺地板砖的切割敲打，最后是电锯的刺耳噪声。线上教学当然受到影响，因为麦克风采音敏感，一旦噪声大作，学生便很快有弹幕过来，说音效不佳。

毅然每次上课前，都要上楼和装修人员打招呼，说线上教学所限，恳请他们理解配合。但即使打了招呼，仍然常被惊扰，因为施工方会时不时换人，彼此间缺少衔接，表现肆无忌惮。有一次，毅然提前一天和装修方打过招呼后，次日刚在线上授课，便传来震耳欲聋的砸墙声。

由于中断授课是教学事故，他只能忍受着巨大噪声把课上完，然后利用课间休息的五分钟拔腿上楼，找施工方交涉。不料对方竟拒不开门。敲门无果，课间休息时间很快"余额不足"，他只好讪讪地返回书房，继续线上授课。

毅然先后找过物业公司、业委会和社区居委会，甚至打过市长热线和110，但基本上无济于事。他很无助，也很无奈，只能每次在线上授课前暗暗祈祷，不要正巧碰上施工噪声。

不祈祷还好，祈祷之后几乎每次线上授课，大概率会碰上剧烈噪声骚扰。毅然只能苦笑，觉得所谓祈祷，即使心诚也不一定灵验。线上线下"混合模式"教学开始后，毅然宁愿到学校面对空无一人的教室上课，也不愿再忍受家里楼上装修施工方的噪声了。

线上授课，质量控制和信息控制很重要。由于现场感弱，学生看得见老师，老师看不见学生，所以互动受限。毅然要求学生打卡后，都要开麦，他会开着小窗口视频，让学生看见自己，并随时发问。即使如此，他仍然感觉学生的反应会有些迟滞。

开始他认为是线上视频信号问题，后来才知道不全是，而是有的学生开着电脑，却人机分离，在忙别的事情。但要想实时看到现场听课的所有学生，技术上又似乎难以操作；钉钉能够满足的只是打卡头像而已。

正是考虑到学生普遍存在类似情况，学校要求教师要利用"钉钉"的即时录像功能，把每堂课都录下来，课后立即传到学校的"中理教务在线"平台和"钉钉"平台上,以便让没能及时听课的学生课后补看视频。

但也正是由于这一要求,反而加大了学生线上听课时的人机分离率。这让毅然有些错愕,只能自加压力,想着教务处的要求,像独角戏演员那样对着摄像头绘声绘色,甚至眉飞色舞,以吸引学生不离开电脑屏幕。

"质量控制不易,"毅然想,"看来还得再'放大招'才行。"

他增加了提问学生的次数,多做了两次小测验,以检查学生的学习成果。好在学生线上作业积极性尚好。

由于现场录像必须即时从"钉钉"下载并马上传到学校教务在线"中理教务在线"平台上,所以很多老师唯恐口误覆水难收,不得不谨言慎行,讲课激情不免受影响。管理学院召开教学研讨会时,有个一向口齿伶俐的老师说:"本来从不口吃,如今在线上经常成了结巴。"

"结巴还算好吧。"有的老师说,"我线上下课后才发现,书房门后挂的内衣裤进入了画面,也只能下载上传,真是感到生无可恋、后悔莫及啊。"

欣慰的是,毅然经过不懈努力,线上课程受到了学生的普遍欢迎。这从他下课下载的学生打卡表进出线上课堂时间可以看出来,从同学们对他的点赞、问候和告别语中也得到了印证。

"老师讲得真好!"

"老师这次做的 PPT 好可爱啊,辛苦了!"

"老师简直不要太精彩哦!"

……

毅然知道，同学们说的未免有夸大之词，不过是在溢美自己，但还是内心欣慰，受到感动，觉得汗水和付出得到了积极回馈。同时他也知道，线上教学效果受影响是普遍现象，想要追求零误差率更是任重道远。

进入后疫情时代，抗击新冠疫情摸索出了一套模式，叫"外防输入，内防反弹，精准防控，动态清零"。此间虽然广州、西安、南京、香港、长春、上海、三亚次第又发生了规模性的疫情，给社会经济运行和日常教学工作带来一定压力，但是"动态清零"已成国家防控疫情不可动摇的总方针。

时间在流逝，社会在前行。毅然知道，新冠疫情带来的最初恐慌与至暗时刻已经过去了。生活对任何人都一样，从来不缺少波折和坎坷，就看你如何看待挫折和困难，以及如何管控与处理它了。

────────────── TIPS："质量控制" ──────────────

管理学理论伴随着人类工业社会的进程不断发展。在管理实践中，质量不合格的次品不能进行销售，也不计入产品产量，对于企业来说徒增成本却无收入，最终可能导致企业亏损。因此，为了保证产品质量，管理学者们深入研究，提出诸多质量控制理论。如有的质量管理流派追求零次品率；而有的流派则认为保持极低的次品率即可，无限追求零次品率有违管理学的"注重经济性"原则；又如针对不同产品，质量管理制度的细则千差万别且细致入微。至今，质量控制理论依然是管理学研究的重要领域。

19　重要的是成长

——"组织目标和个人目标"

　　十月金秋，不仅是毕业论文的师生双选季，更是全国高校大学生课外科研项目收获的季节。因为暑期社会实践之后，开学返校即是分析数据、完成报告和展示成果的时间段。踏入十月，国家与省级各类大赛大收官，纷纷开始"沙场秋点兵"。

　　毅然在中理大学工作了几年，带过几个大学生暑期社会实践课题项目，与其他老师联手指导的项目也曾获过一些奖项；而他指导的学生社团，也取得了不俗的成绩。"新媒社"在学校被评为"最佳人气社团"后，又获得"十佳社团"称号。毅然名气渐大，有些学生组织暑期调研，便会主动联系他，请他做指导老师。

　　考虑到疫情可能影响暑期社会调研，所以毅然便提前向学生布置了线上调研选题范围，让他们做微电影线上调研。一方面，是因为微电影近年来很"火"，应该做些定性、定量分析，以便促进微电影健康发展；另一方面，也可以有效规避疫情对线下调研带来的不利影响。

　　乔林主动请缨，愿意担纲，要出任微电影暑期社会实践调研组的小组长。毅然觉得，乔林经过近两年的锻炼，如今已经能说会道，特别是"糖豆闪电"在学校获三等奖，展示了不错的执行力，便同意了。

乔林找了六个同学做组员，开始先期部署，对网上的主要传播平台从传播效果的角度做数据统计。毅然告诉乔林，这种统计需要极大耐心，但前期工作做扎实了，有了数据，后期分析便从容了，可以从很多角度展开分析。

乔林人很精明。虽然他平时不太爱看书学习，自尊心却很强，高傲而又执着地想要成为与众不同的人，他总是想方设法出去做各种小生意，在朋友圈代理卖个保健品或机票什么的，不甘心人后。毅然记得，两年前他竞选班长失利后，进了"新媒社"，还曾自封为副社长。但由于他个儿很高，面相周正，又有一定的组织能力，所以同学缘还不错。他对毅然说："老师，这次暑期社会实践，我一定要让小组冲出学校，到省里拿个'挑战杯'大奖！"

"好啊。"毅然笑着说，"这是你们小组的组织目标？"

"这是我作为小组长的个人目标！"乔林拍着胸脯说。

"那就带着大家，好好干！"毅然鼓励道。

但是不久，乔林来找毅然吐槽了，说微电影的收集种类工作划分不均衡，有的同学工作量太大；有的同学"吃不饱"；甚至有的同学没啥工作量。这还不算，他原来拟定的几个统计项目，有些标签平台有设定，有些则没有，导致统计表格空缺很多，样子难看；说他被同学们埋怨了，说是"一将不明，累死三军"，他不知该怎么办，不想继续做组长了。

"不做组长，"毅然沉着地问，"又想做什么了？"

"我想代理推广奶茶券,每张提成一块钱。"乔林说,"平均下来,一天赚它十来块钱,小意思。"

"你说得对。"毅然说,"一天十来块钱,意思确实不大。"

"老师,才不是呢。"乔林说,"您曲解了我的话。我说的'小意思',是很轻松的意思。"

"告诉我你是怎么赚的,"毅然问,"有多轻松?"

"我每天在朋友圈里戳戳捣捣,券就兜售掉了。"乔林笑眯眯地说,"轻松愉快得很。"

"你每天在朋友圈里戳戳捣捣,"毅然问,"大概要花多少时间?"

"不会超过三个小时吧。"乔林说完,在心里换算了一下时间成本,脸色有些难堪。

"每天做满八小时,在务工者层也是低收入,不是管理者的。"毅然说,"你是学管理的。管理者制定组织目标,进行科学决策,克服执行困难,锻炼和提高管理素质,是用八个小时赚六十块钱衡量的吗?"

乔林不说话了。

"二十岁不到,正是汲取知识、掌握本领、提高层次的大好年华,"毅然说,"可不能算眼前小账,不算未来大账啊。"

"我知道了。"乔林赧颜一笑说,"可我想做组长,又不知道该怎么办。"

毅然告诉他,一要根据实际调整原来收集数据的角度,以让原始数据与网络平台情况更适配;二要重新整合人手,以让工作量更均衡;三是作为小组长本人,要分析社会心理需求,超前谋划下一步深度分析数据的方向。

乔林重拾了信心后，告别毅然，又去找小组成员开会了。

经过大约两个月的努力，乔林发现原始数据库建立得有模有样，信心大增。因为数据中的微电影已经累积了二百多部，角度标签虽不均衡，但做比对分析已经足够。面对 Excel 表里像活跃的蟹苗一般密密麻麻的数据，乔林很兴奋，却不知该如何下手分析。毅然更兴奋。因为他让学生搜集各大播出平台微电影原始数据的决策是对的。用这些数据做任何角度的分析，都能够揭示出影视制作公司、网络播出平台和受众之间的互动，彰显出规律性的东西来。

毅然让乔林召集小组成员到他的办公室开会。在小组会上，他详细询问了相关情况，和同学们反复磋商，最后提议小组以"'后疫情时代'微电影传播的基本情况"为研究课题。这样的选题有问题意识和导向性，且有原始数据支撑，无论导出怎样的结论都是有益的，因为可供有关层面决策参考。

议定好选题，接下来便是建立分析角度，进行数据分析，得出初步结论。这个过程，正是毅然大展身手来指导学生的时候。乔林和小组同学每天都在利用课余时间进行数据分析，虽然有的同学在数据里看不出任何名堂，但也有些同学在毅然指导下，学会了数据分析方法，发现了数据分析的诀窍，看出了数据背后隐含的信息，生成了很有看点的初步结论。

小组讨论时，很多同学兴奋得脸色红润，争论得异常激烈，就像苦心孤诣的科学家发现了新定律。毅然看着同学们热情高涨的劲头，感到很欣慰。他知道，通过指导学生们超前进行这一年的暑期社会实践课题，他把学生训练出来了，让他们不仅锻炼了意志力，还学会了方法，掌握了做事的路径。

果然，到了期末考试时，学院学工部门开始征集统计大学生暑期社会实践课题，很多师生表示疫情期间调研很难展开，申报并不踊跃。学工部正在着急时，乔林向学工部申报了他们小组的"后疫情时代"微电影传播的研究课题，一举中标，被推为校级暑期社会实践优秀课题。

中标后，乔林眼睛发亮，脸上放光。让他尤为高兴的是，那年暑假天热得就像火炉，而他们根本不用顶烈日战酷暑到社会上调研，只要从容地撰写报告即可。他将报告切块分给几个骨干，自己统控终稿，然后打印出来，交给指导老师审核。没想到，毅然看了一遍后，眉头竟然皱了起来。

"这里的数据有没有问题？"毅然指着一处比对示意图说，"太漂亮了，是真实的吗？"

乔林的汗涔涔地流了下来。他没有想到自己的一点小心思，被毅然一眼看穿。那是一组大学生对微电影的点击量和评论条数。按原始数据看，确实让他感到很费解，试图寻找到数据出处；但是，很难做到。要想追踪当时的页面数据，就必须获得播出平台大本营的支持。他也曾有过一念之闪，联系一下试试看，但又想，如今网络终端都把后台数据视为命根子，根本不可能为他们去"翻箱倒柜"提供数据，除非花钱购买。所以他思来想去，便将数据按照自己的心理期望值改动了一下。现在被指导老师发现了，想洗白是不可能了。

"这个……"乔林嗫嚅着说，"是我改动了一下。"

"别说一下，半下也不行。"毅然严肃地说，"统计学的生命力在于它的真实性；真实性的依据在于原始数据。你查过原始数据了吗？"

"查过了，太难看了……"乔林揩着脸上的汗说，"所以我就……"

"所以你就做假了，是吗？"毅然见乔林承认改动数据，觉得眼前的小组长还是有担责的勇气的，教育到位就可以。"可是你明白吗，乔林？"毅然说，"我都能够看出来的问题，学校和省里的评委会看不出来？"

"我明白了，老师。"乔林说，"可能是我太想冲击'挑战杯'大奖了。"

"真想得奖，"毅然说，"就以原始数据为准进行比对分析。即使结论不那么漂亮，也要实事求是。统计分析不是纸上画花，更不是主观创作。客观数据分析得出什么样的结论，就有什么样的结论意义和价值。因为它是后续决策的参考依据。"

"要不，我们花点钱，从平台买些数据吧。"乔林说，"那样省事，出了问题，我们也不担责。"

毅然心里对乔林刚刚涌出的那点宽恕，又被他说的话给侵蚀掉了。

"花钱买数据是省心，但是你们做事情那份耐力的锻炼，也被省掉了。"他说，"买数据这种现象，对于社会组织，比如很多数据咨询公司来说，是常态；因为他们是以咨询项目营利的，有经济支付能力和实力。但对于学生暑期实践小组来说，则不倡导，甚至要劝止。因为学生搞科研，目的是锻炼能力、掌握方法；重要的是大家的成长，而不是营利。"

乔林听得频频点头。毅然又让他打电话把搜集那组数据的同学叫来，详细询问了收集数据时的情形。那两个同学信誓旦旦地说，所有录入的数据都是绝对可靠的。

"好了，老师相信你们。"毅然对那两个同学说完，又对乔林说，"组长，吸取教训吧。以后注意保留原始资料。"

"没想到，"乔林喃喃地说，"第一手资料这么重要。"

"从事管理工作，做数据统计分析，第一手数据资料极其重要甚至弥足珍贵。"毅然说，"要知道老师现在做文本，每改动一版都要先存下未改动的那一版。那是在日本管理咨询公司工作时留下的习惯。他们曾经跟我说，日本职场的精细和严谨是用教训换来的。"

因为毅然推翻了被乔林对数据做了手脚的文本，坚持使用原始的真实数据做比对分析，所以他们参与学校"挑战杯"竞赛的项目没能拿到特等奖，只得了一等奖。但是学校的一等奖项目是允许参与省里"挑战杯"大赛的。

最终，在毅然指导下，他们的"后疫情时代"微电影传播研究课题，在浙江省"挑战杯"社科类大赛中获得了全省二等奖。而当年全省"挑战杯"社科类一等奖空缺，他们的二等奖排在第一名的位置。

"这岂不是等于说，"乔林喜滋滋地对小组全体成员说，"咱们的这个二等奖，含金量就是一等奖嘛。"

"嗯，是不错。"毅然也为同学们获奖感到高兴，他问乔林，"你觉得，你的组织目标和个人目标达成情况怎么样？"

"老师，我觉得我们的组织目标和我的个人目标都达到了。"乔林说，"只是，它们的内容已经被转换了。"

"哦？"毅然问，"转换成什么内容了？"

"懂得了老老实实做人,学会了实事求是做事。"乔林说,"这是我认为我们在大学学习期间所有目标中最重要的目标。"

---------- TIPS:"组织目标和个人目标" ----------

任何人加入一个组织,都会出现组织目标与个人目标平衡的问题。影响这个平衡问题的因素非常多,包括组织目标的难易度、组织目标与个人目标的背离程度、个人性格与价值观等。个人目标与组织目标一致,个人为组织目标奋斗的同时也能达成自己的目标,这是一个良好的状态,也是个人愿意留在组织内的重要原因。但个人目标与组织目标有时不完全一致,那么个人会服从于组织目标还是离开组织,就使员工面临抉择,也成了管理者需要重视的课题。管理学中的领导方式、组织文化等理论都在研究如何平衡个人目标与组织目标,帮助组织留住人才。

20　自我超越

——"学习型组织"理论

毅然于 2018 年到大学任教，转眼间已经工作到第四个年头。他感觉在大学校园里有两个季节具有特别的意义，那便是夏季和秋季。

中理大学地处杭州，属亚热带，入夏较早，所以往往五月底便是一派夏日风情。此时的江南，草长莺飞；淅淅沥沥的雨水，更使伞花怒放，游弋在拱桥雨巷之间，令人永远走不出烟雨画屏。

当然，在高校，入画的不只是桃红柳绿，还有即将毕业的学生。一进入五月，便有不少学生穿戴学士服帽，在校园里从容优游，取景拍照。拍照是毕业的前奏，仅合影，就有年级、班级、寝室、社团、朋友等多种形式，就更不用说那些别出心裁、花样翻新的个人照相了。如今的学生，拍毕业照创意迭出，花样翻新，各式各样的服装你方唱罢我登台，从民国学生装到旗袍秀，从汉服秀到 Cosplay，不一而足。毅然所带的班级，还有教过的"管理学原理""品牌管理"等课的毕业生班，在全班合影和小组个人合影中，更是频繁地向他发出邀请，并建议他也多换几身衣裳。

说到底，毕业拍照之所以这么火，大概是因为大学生涯珍贵，非常值得留念。但大学生涯之所以珍贵，原因却在于学生们用四年时间完成了蝶变，实现了自我超越。毕业生都知道，他们的专业知识结构塑型是在高校完成的，他们的青春期是在大学校园里送走的。送走青春时光和建构知识结构，都是在大学完成的，因为高校是个典型的"学习型组织"。毅然一边笑逐颜开地跟毕业生们一起拍照，一边不失时机地和学生一同交流有关"学习型组织"的认识，同时祝愿毕业生人人都成为"终身学习的人"。至于让他多换几身衣服拍照的提议，则一律婉拒了。

"此刻最美的校园风景，就是你们毕业时的拍照。"毅然说，"老师就别来抢镜啦。"

"您不是来抢镜，"俞紫馨说，"您是来锦上添花的。"

因为她已经接到研究生入学通知书，加上对毅然很感激，所以心情特别高兴。

"老师哪是什么花，"毅然说，"充其量是个大土豆吧。"

"您不是土豆，是'海龟'。"童怡也来表达感激心情，拉着段旭与毅然合影。毅然知道，她和班长段旭的男女朋友关系已经基本确立，经常可以看到两人手牵着手，在校园里散步。

到了毕业聚餐时，毅然更是接到了多张请柬。那一刻，他感到四年来所吃的所有的苦、受的所有的累都变得很有价值和意义。特别是，他任班主任的那个班级里，朱小祎、白雪梅和何玲艳都考上了"985"高校研究生，还有六七个学生申请国外读研并收到了几所名校的offer，更是让他很有成就感。

但他没有把这种想法告诉任何人。因为他知道，考上国内外名校研究生，只是确立了往后的人生新起点；而人生的路非常漫长，学历高低可能说明一些问题，但不代表所有问题。特别是，大量同学还在考公务员、考事业单位和进入各类企业的笔试面试路上，绝不可以将某一种学生的去向顶在鼻子尖上说，而故意忽视绝大多数其他学生的毕业选择。

毅然接到的请柬虽多，但他首先选择的还是去自己做班主任的那个班。同学们见班主任来了，都格外亲热，好像瞬间都变得不再惧他，而是视他为一个大哥哥，愿意环绕在他周围，不停地用手机照相。毅然不免有点应接不暇，连连说："别别别，在校园合影时，不是照过了嘛。"

"校园是校园，聚会是聚会，能一样吗？"很多女生七嘴八舌地说，"来来来，老师，别端着了，摆个 pose。"

毅然只好不停地摆 pose。但女生们并不满意，说："别老是剪刀手啊，换一个换一个。"

照完了相，毅然问童怡是否准备"二战"。三个月前，她的研究生考试分数过了国家线，但没达到所报高校的录取线。这样，她就必须选择接受从 A 类地区高校调剂到 B 类地区高校，才有可能被录取。她当时把情况向毅然说了。毅然利用周日中午回家吃饭的机会，帮童怡咨询了自己的父亲。

父亲说他有个大学女同学，在南宁师范大学做某个二级学院的副院长，可能会有空间，因为广西恰恰是在 B 类地区。父亲当即打了电话。那个女同学在电话那头说，愿意接受调剂，她会帮忙联系研究生院的院长，不过要到周一才能回话。

毅然给童怡回复微信信息说，已经建立了联系，问她愿不愿意被调剂，说那是个南广省会，对老家在浙江的同学来说，未尝不是一个良好的选项。但是后来，童怡并没去南宁师范大学读研，原因是她忽然想起来，自己考的不是学硕而是专硕，不知道这所大学是否接受跨类调剂。

毅然又向父亲说明情况，父亲询问的结果是不接受。童怡最终没有调剂成功。这样，她毕业后面临的选择便是这样的几个：要么"二战"，即再参加研究生招考；要么选择申请国外读研；要么放弃继续深造，求职就业。

"我还没想好。"童怡说，"还要看段旭什么意见。"

童怡的男朋友是班长段旭，曾做过"新媒社"社长。段旭没有考研究生，而是选择了直接就业，可能源于家长的希望或要求。原来他父亲是个实体产业老板，身家甚巨。但因为家风端正，对子女管教很严，所以段旭在学校一直低调做人，认真做事，经过四年来的磨砺和打拼，已经锻炼得很成熟稳重。

他父亲对毅然不止一次表示，为段旭的成长"很感谢毅然老师"。毅然本想喊段旭过来，问问他对童怡毕业后去向的意见，但又想到那应该是他们两个人的私密话题，便打住了想法。

学习委员白雪梅自我超越的最好证明，是考上了兰州某"985"高校的研究生。据白雪梅在班群里发的微信信息说，那里是兰州拉面的发源地，欢迎大家去吃"兰州拉面"；还说如果真去了兰州，千万别在餐馆说要吃"兰州拉面"，因为兰州人从来不那样说，而是说"牛肉面"……从她的信息中可以看出来，她对自己考上心仪高校的研究生很满意。

安进自我超越的结果,是毕业后通过了国考,进入杭州淳安县的一个乡镇做了公务员,据说直接被任命为办公室主任助理。有同学问她的行政级别,她笑笑说,没有级别,连副股级都不是,一切要从零做起。大家不信。她说,乡镇长是科级,办公室主任是股级,那么副主任便是副股级,做助理的还有级别吗?大家听她分析得有道理,仍然一面表示佩服,一面表示祝贺,说她离晋升的岗位最近,估计要不了一年,便会升职为办公室副主任。

开餐前,段旭照例请班主任毅然发表致辞。被邀请参加餐会的老师有好几位。毅然客气地请他们发表讲话,他们纷纷说"还是班主任来"。毅然端着杯子站起来了。他知道,在吴地文化里,毕业聚餐是"为了告别的聚会",俗称"散伙饭"。

毅然虽然在杭州生活时间不短,但仍是北方人,乍听很不适应,觉得不含蓄,太伤感。但细思忖,又觉得这样的说法够实在、不矫情,正所谓"天下没有不散的筵席",竟对学生直面真相的勇气生出钦佩。他举起酒杯晃了晃说:"同学们,今天,老师在这个'为了告别的聚会'上,要对你们说的是三句话。第一句是,要永远记住你们是中理大学管理学院的毕业生,走上社会后要能够出色地管理好自己、管理好未来的家庭、进而管理好职场和事业,最终,祝愿你们走上更高端的岗位管理好我们的国家!"

大家被毅然的致辞感染,纷纷鼓掌。

毅然接着说:"第二句,树高千尺也忘不了根。此后你们走千山过万水,也不要忘了你们是中理大学的毕业生。无论什么时候,都不要忘了母校……"

有人插话说:"也不会忘了您,毅然老师!"

毅然笑了,说:"老师我并不重要,忘了也没关系。最后一句是,不光不要忘了母校,还要想着'学习型组织'的五项修炼:自我超越、心智模式、共同愿景、团队学习和系统思考。因为离开母校后,你们进入的单位或公司不一定是典型的'学习型组织'。希望大家要不断学习,不断实现自我超越,越来越优秀!我的话说完了。谢谢大家!"

全班同学再次鼓起掌来。参加聚会的老师们都说毅然讲得好。班长段旭很激动,站起身来,端着啤酒杯,对大家举起来说:"同学们,作为班长,我要'站好最后一班岗'。现在,我提议,全班同学举杯,感谢母校中理大学,感谢老师们的教育之恩——干杯!"

大家纷纷用啤酒杯子碰桌边,发出了一阵碰杯声,然后大多一饮而尽。毅然在段旭的陪同下,到几个桌上和同学们喝了几杯,便打算告辞,要去其他班级的聚餐会了。被邀请的其他老师们,起初还正襟危坐,于矜持间接受敬酒,表达祝福;但酒过三巡,心绪也就被一种别样情愫湮湿,喝得面红耳赤,不好意思久坐,想跟毅然一起走掉。

段旭将他们几位老师送出酒店。在门厅里,毅然让其他老师先走,留下段旭,嘱咐他别让同学们喝多了酒,要注意控制局面,避免有同学因毕业情绪激动喝出问题来。段旭说:"老师您放心,我一定有效管理好酒宴状况。不然,我都不配说是管理学专业的了。"

毅然用力捏了捏段旭的肩膀。那一捏的含义很清楚,段旭理解。因为在老师眼里,他们很快就要像雏鹰一样远走高飞了,情绪激动在所难免。特别是老师们离席后，同学们没有了顾忌，彼此间便会直抒胸臆，老师们走后才会将"散伙饭"送入高潮。

毅然后来听同学们说，班长段旭是对得起班主任的信任的。他以一己之力管控好了"散伙饭"的场面和情绪，最后落了个不雅的"管家婆"名声。毅然很欣慰。因为他知道，四年同窗，朝夕相处；一朝离别，情何以堪。喝是开怀畅饮，说是畅所欲言，最后出现相拥而泣、哭声号啕的场面，也没有什么奇怪，完全可以理解。但是，是否有效管理好酒宴场面和同学们的情绪，保证不出问题和状况，正是考验管理者素质和能力的"试金石"。

暑假，不久便在旺盛的雨水中开始了。毅然的暑假，在为横店集团做"中国影视文化行业人才年度报告"的项目，不知不觉已经"余额不多"。他交付报告成稿那天，接到了学院通知，说暑期过后让他务必提前返校参加"迎新"，做个介绍专业的短视频。毅然的心里又开始了新的期待。但他知道，那份期待属于高天流云的秋季。

秋天的杭州，蓝天上云卷云舒，是台风将至或过境后的馈赠。九月初，桂花暗香仍在浮动，校园到处彩旗飘飘，迎新的中理大学又如浓妆淡抹的西湖，美丽异常，牢牢吸引着新生们新奇与憧憬的目光。

毅然参加了迎新的全程工作。他带着几个高年级学生为新生接站。高年级的学生脸上喜气洋洋，私下窃窃私语说，瞧瞧，萌新多青涩啊、多可笑啊、多可爱啊，就像两三年前的自己。他们一边引导新生进入报到流程，一边介绍说，来来来，认识一下我们的中理大学，这边是"博学"图书馆，那边是"知新"教学楼；这边是学生宿舍区，那边是运动场；还有中理大学最养眼的"小西湖"……

20 自我超越

接连好几天，毅然沉浸在迎新的氛围中。新生报到后，学院先后召开"新生家长座谈会"和"新生入学教育会"。会上，学院让各系推介各专业的专业特点和就业前景。毅然又接到通知，说既然系里介绍专业的短视频是他做的，索性就以一线教师的身份在会上发言，由他来介绍专业吧。毅然笑了。夏季送走毕业班的那点离愁别绪，早已随风飘逝，心里又生出了一腔信心与豪迈。

"新生家长座谈会"的时间是下午四点钟。中午，毅然到学校食堂就餐时，看见食堂前墙壁上学校的"炎黄剧社""辩论协会""校园广播站""国学社""跆拳道社""瑜伽社"等社团推送的宣传画，无不在摩拳擦掌，跃跃欲试，扩容"招新"。他想，自己指导的"新媒社"必须在"招新"中亮丽登场，是时候"抢摊"了。但是他知道，更重要的是让新生的家长们认识到管理学院相关专业的优势，以使他们的孩子在四年里巩固专业思想，完成自我超越。

想到这里，毅然忽然明白了夏秋季节对高校的特别意义，那就是它们满足了老师职业深层次的人性需求：当你刚刚失去，便开始了拥有……

秋天的中理大学，成了大学师生们的嘉年华。新生家长的殷切嘱托，入学新生的新奇目光，又点燃起毅然作为高校教师的神圣与自豪。

────────── TIPS："学习型组织" ──────────

"学习型组织"是彼得·圣吉在《第五项修炼——学习型组织的艺术与实务》中倡导的一种组织形式。他认为，现代企业应成为学习型组织，以不断提升竞争力；创建学习型组织需要进行五项修炼：自我超越、心智模式、共同愿景、团队学习和系统思考。其中，"自我超越"是指组织成员需要通过学习不断提升自身能力，这是一种理念，也是个人需要养成的习惯。只有员工不断超越自我，企业才能不断发展。而从组织的角度，组织需要创造一种环境，激励成员的个人成长和能力发展，让他们有条件追求自己的志向和目标，这也会最终使企业受益。

后记

写书的过程既快乐又痛苦。快乐的是，看着文字在屏幕上不断延伸，成就感和自豪感不断充盈心间；看着自己创造的人物与故事鲜活生动起来，会时常会心一笑。痛苦的是，绞尽脑汁写出的情节桥段，自以为引人入胜，实际上新意寥寥，却需要屡败屡战。在这种快乐与痛苦的交替中，时光无声无息地逝去了，好在最后，能够以完成书稿的快乐收尾。

这是一部散文艺术作品集。以散文来定义，是因为成书过程的努力，让我对散文在体裁上有了一定领悟。原本我曾想把本书当成一部小说来写，但是小说谋篇布局时要求的起承转合，并不完全适合管理学原理的表达与体现。在写作过程中，我发现散文这种形式似乎更方便将管理学知识融入故事，更能够让理论与现实互文见义。想到这里，索性也就不再顾忌小说写作的范式，干脆放开手脚写了。于是，这样一部有连贯人物、有故事情节、有管理学知识、有励志题旨的"四不像"读物，便诞生了。好在"四不像"也是中国神话传说中的神兽，这让笔者感到本书最终走了散文路线是对的，文本上也有了一些令人欣慰的价值。

同时，本书又是一部科普读物。在写作过程中，我努力让管理学知识融入故事，就像让食盐溶解到食用的汤水中，以体现管理学对日常工作和学习生活的价值作用。当然，知识在迭代，社会在优化——迭代、优化也是管理学的一个重要理念，因此在现实和理论不断相互印证和相互促进的过程中，若有机会再来，我会努力修正本书中存在的不足。

学习工作在高校，掐指一算，我到目前为止的人生近半是在大学度过的。但是，我不是一直待在象牙塔里的人，也曾有过中外职场的经历。对于知识，我从心底里是接纳和认同的，觉得万事万物都有规律，却也并不奢求世界上所有人都秉持此想。所以写这本《趣谈管理学》，实际上也是在尽自己的微薄之力，以让更多人接受和认同知识的作用与力量。我知道科普是改变世界的一小步，而本书恰是笔者在科普上迈出的一小步。虽然只是一小步，本书的写作与出版却得到了很多人的巨大帮助，让笔者心存感激。

首先要感谢的，是自己的父母和妻子。父亲在文字上给予我莫大的影响。我想他是一位真正的作家，相信文字的力量，并且通过文字不断影响这个世界。我从小就看见很多人都喜欢聚集在他周围，和他交流思想，向他寻求建议，从他那里得到指导和帮助。实际上我这本"处女作"的写作，也是因他的提议才倍生写作的动力。我的母亲也是本书的忠实支持者，她一直督促我完成本书，并提供日常生活上的关心和帮助。非常感谢我的妻子，她明白这本书对于我的意义，理解我作管理学知识科普的价值，所以在整个成书过程中尽力给我足够的工作空间和精神上的鼓励支持。可以说，没有他们，便没有我的这本科普"处女作"。

  紧接着，我要特别感谢的是敬爱的陈武叔叔。他是著名作家，为本书的出版付出了巨大努力。从小耳濡目染陈叔叔幽默的谈吐、爽朗的笑声和友善的为人处世，给我的感觉是温和而有思想、睿智而又儒雅，总是让人如沐春风。小时候经常旁听他和父亲探讨文学问题，虽然吸收有限，却在不自知间受到他们精神层面的引领，一如他现在又将我引领上了出版书籍的道路。

  同样的，从写作本书的角度，我要感谢生活中遇到的每一个人。是他们给予我温暖的友情、丰富的经历和不断成长的可能性。他们提供了本书中的很多原型，虽然限于文本表达，没有办法如实展现，甚至会有所偏离，但是，是他们成就了书中的精彩桥段，甚至可以说是构建了我的丰富人生。

  最后，感谢本书的每一位读者。在这个信息爆炸的时代，感谢你们愿意拿出时间来阅读本书，祈愿你们费时有值，所得不虚。你们的阅读会让我沿着科普文学的写作理念再接再厉，不断前行，写出更多有意义的新作品。

作者于中国计量大学现代科技学院
2024 年 8 月 8 日